戦争とは何だろうか

西谷修 Nishitani Osamu

JN265271

★——ちくまプリマー新書

258

目次 ＊ Contents

はじめに

戦争の輪郭

戦争について考える、というのがここでのテーマですが、後に述べるような理由から、今では「戦争」や「平和」という言葉の輪郭がほとんど崩れてしまっています。そこで、まずは戦争というのがどういうことなのかを輪郭づけることから始めましょう。

実際に「戦争」という言葉はどう使われているでしょう？　あるいは、戦争という言葉でひとは何をイメージしているのでしょう。

空襲とか、銃撃戦とか、陣取りゲームとか、召集の赤紙とか、いろいろあるでしょう。でも、それは基本的には国と国とが軍隊を動員して戦い合うということですね。要するに、私たちがふつう「戦争」という言葉で思い浮かべるのは、国家間戦争だということです。とはいっても、戦争がいつも国家間戦争だったわけではありません。むしろ、それはいわゆる近代の世界にできた武力抗争の枠組みです。それはどういうもので、いつ頃にできて、どのように展開されて、今はどうなっているかということについては、順次見てゆきましょう。

ともかく、戦争では、国と国との間に武力衝突が起こって、そのために国民同士が敵味方に別れて戦うことになります。それが通常のかたちですが、グローバル化以降、状況が変わってきています。グローバルな大きな権力（超大国ですが）が軸になって、それがグローバル秩序を守る、あるいは、グローバルな「文明」秩序を押し付けるというかたちで、国家の軍事力が行使されるようになりました。それは国家同士の戦争ではありません。国家が犯罪者とみなした武装集団を相手に戦うもので、これが「テロとの戦争」と呼ばれ、「非対称的」だと特徴づけられています。これは、今までの国家間戦争とは全く違っていて、世界の秩序を変質させるようなものです。

そこで戦争はどんなふうになったかというと、文字通り軍事力による人間の純然たる殺戮、殲滅行為になりました。「テロリスト」と呼ばれる敵は、敵としての資格もないし、人間として向き合う必要もない、極悪非道で抹消すべき対象でしかないとされます。何か事件が起きたとき、それを「テロ」と決めつけると、もはや問答無用で理由などは問われません。「テロ」は許しがたい、そんなことをする凶暴な輩《やから》は、人間の風上にも置けないから、どんな手段を用いてもやっつける。そのために国家が武力を行使するのは「正義の執行だ」というのです。そうして国家がいわば私人を相手に「戦争」をするようになりました。この種の戦争では、「何人殺したか」ということが「戦果」として発表されますが、その意味では戦争は剝《む》き出しの殺戮になったのです。その雛形《ひながた》はすでにイスラエル国家とパレスチナ人との抗争にありました。じつは植民地独立をめぐる戦争も同じ構造をもっていましたが、詳しい説明は後でするとして、現在起こっている戦争というのは大体そういうかたちです。だから、わたしたちがこれから直面するのも、主としてそういう戦争なのです。

核兵器という限界

人類の歴史などと大げさなことを言わなくても、人間の集団間の争いのたぐいはいつの時代にもあったし、その延長で、ある時期まで国家間の戦争というのは当たり前で避けがたいことでもありました。ところが、ある時からそれが基本的にできなくなりました。それは核兵器が登場したからです。核兵器出現以降、つまり、第二次世界大戦の終り以降、国家間戦争はできなくなってしまいました。

主要国が戦争をしようとすると双方に核兵器があるために、大国同士は本格的な戦争することができないのです。それで相方攻撃しない「冷戦」というすくみ合いになり、その間、戦争を凍結したまま軍拡競争をやっていきます。しかしそのためには経済力をつけなくてはいけないので、経済的効率競争になっていきます。ソビエト連邦（現在のロシア、ウクライナ、ベラルーシ等）はその経済競争に負け、結局冷戦構造は崩壊しました。冷戦が終って、その先世界はどうなったかといったら、次に登場してきたのが「テロとの戦争」です。それと同時に核兵器もどんどん拡散するという事態になってしまった。それがまた、「テロリスト」の危険を強調する理由にもされます。ただ、世界中どこでも戦争は起きうるけれども、核兵器を使うということは偶発的にしか起こらないでしょう。それは使えない兵器なのです。

核兵器の使用を誰も禁じてはいません。戦争をする国々は切り札としてそれを手放さないし、もちたがります。だから禁止を求める声はあっても、その禁止が実際の効力をもつのは難しいでしょう。ただ、核兵器は一度使われてからは、二度と使われていません。一九四五年のヒロシマ・ナガサキ以降どの国も使ったことがないのです。使いたがった国家指導者もいたけれど、結果的には使えなかった。それはなぜでしょう。核兵器はもしそれを使ったとしたら、使った側が戦争をするためのいっさいの正当性を失ってしまうことになるからです。

どんな過酷な事態であっても、生き延びれば、慰めること、癒すこともできるでしょうし、生きていてよかったという話になるけれども、すべてが消滅してしまうと元も子もなくなる。そのように、核兵器はすべてを殺すというより、生き物も含めてすべてを一挙に破壊してしまう手段で、これ以上にない「窮極の兵器」です。これを使うと、戦争をすること自体の正当化が吹き飛んでしまいます。だからどこも使えないのです。

そういう事を知らない、分からない国や分かろうとしない集団は使うかもしれない。でも、それはひたすら無知や無思慮のためでしょう。人間の想像力は乏しいので、事態を理解できないということは往々にしてあります。そう、この場合は理解するのに想像力が必要なのです。

このように、「核の禁止」というのは法律的な禁止がなくても、法律以前の問題だから事実上機能します。核兵器を使うということは、個人の場合の殺人と同じようなことだからです。殺人は法律で禁止されているけれども、明示的な禁止がなくても、人は人を殺してはいけないと誰もがわかっている。そうでなかったら「人間」は成り立たないし、人間社会も成立しないでしょう。殺してよいのなら、問答無用で言葉が要らなくなってしまいますから。それは理屈ではありません。理屈が成り立つ、人間の相互理解が成り立つ前提です。

日本の「戦後」が終わる？

今、日本では戦争がホットなテーマになっています。それはわたしたちが「戦後七十年」を経て、ひょっとすると今後は「戦後」という言い方に意味がなくなるかもしれないという大事な節目にさしかかっているからです。

今まで「戦後何年」とか言われてきましたが、世界的には第二次世界大戦、日本で言えばアジア太平洋戦争が終わって、その後日本は「戦争をしない国」として再出発した。それが「戦後」なのですが、今、この「戦後七十年」の時に、ひょっとするともう、「戦後」と言う意味がなくなるかもしれないという事態が起こっています。

この節目を前に、日本には「戦後レジームからの脱却」を掲げる政権が登場して、着々とその現実化を進めています。「戦後レジーム（戦後体制）」というのは、受けとめ方はいろいろでしょうが、ともかく日本の国にとって決定的だった大戦争で日本が壊滅的な敗北を喫して、「無条件降伏」によって戦争を終えて再出発する、その時にできた体制のことを言います。国民からすれば、ああ、戦争が終わった、これからはもう戦争をしなくていい、軍部や財閥に振り回されなくていい、社会を民主的に変えて、平和にやっていくことになったという時代です。それが曲がりなりにも今まで続いてきました。つまり「戦争はもうしない」と言えた時代が「戦後レジーム」だということです。

ところが、今の政府はその戦後体制から脱却するということを目標に掲げています。実際にどういう事をしようとしているのか。日本の戦後の憲法では戦争をやらないということを大原則に掲げていますが、それを、いや、他国のためなら軍事行動をしてもいいのだと「解釈」する、そしてその「解釈」に合わせて法律を次々に作って通しながら、行政組織もそれに合わせて変えている。集団的自衛権の容認と、それを行使するための法整備（安保関連法）というわけですが、ともかく同盟国のためということで軍事行動をできるようにする、つまりは「戦争ができるようになる」ための方向転換です。

日本の場合は、他の国のような攻撃的な軍隊は持たずに、ひたすら自衛のための自衛隊は可、ということになっている。だから国軍とか兵力とか言わず、自衛隊とか防衛力とか言って歯止めをかけてきたわけです。それで、国土防衛が任務だから、災害救助などにも出動する。東日本大震災のときも活躍しました。それを、他の国と同じような軍隊にして、海外に派遣できるようにし、交戦もできるように規定を変える。それを政府は、平和や安全を維持するための法改正と言っている。けれどもその時、「平和維持」や「平和創出」といった表現の背後に隠れているのは、平和は力づくで作るという考えや、危険なものは予防的に潰してゆくといった力頼みの「強い」姿勢で、平和とか安全という言葉の裏には、むしろ逆に力の行使で、つまりは戦争で事態に対処するという含みが隠れているのです。それが強引に「積極的平和主義」だとも言われています。

そうなると日本は、口実さえ作ればいつでも戦争することができるようになります。自分から進んで戦争を起こすというわけではないでしょう。日本の国を守るということで想定されるのは、たとえば、よく言われるように尖閣諸島《せんかくしょとう》が危ないから中国と事を構えるといったことでしょうが、小競り合いはともかく、本格的戦争はできません。事実上、軍事力に大きな差があるし、だいたい日本の国土はこれだけで、人口は一億二千万。中国はあれだけ広大な国土をもち、人口十五億。日本は、一対一ではダメ、一人で二人の「敵」に当たってもとても間に合わない。何より、単純に言ってこの小さい国土の中に原発が五十基以上もあります。それを二つか三つ叩《たた》けばそれで日本は終わりです。核兵器を使う必要もない。だから、中国に対して先制攻撃なんてとてもできないでしょう。それでも、戦える軍隊を持って戦争に参加するのは、国際貢献上必要なんだと政府は言います。けれども、その「国際貢献」とは何なのか。今具体性があるのは、例えばシリアやイラク、北アフリカなどの戦争や紛争処理を手伝うということでしょうか。しかし戦争があるから、あるいは空爆があるから、そういうところでは完全に国家崩壊を起こしてしまって、住人が生きられなくなって難民になる。そんな世界破壊の手伝いをするより、生活するための基盤が壊れてしまっている国々の人を助けることの方が、よほどまともな「国際貢献」になるでしょう。

軍事力で平和は守られるのか

いわゆる内戦状態になったり、「テロリスト」の国家が出来てしまうと、ふつうの人はもうそこに住めなくなります。食糧も確保できないし、水道管も破裂して水も飲めない。当然仕事もなくて生活が成り立たず、子供は学校にも行けない。逃げ惑って飢えるしかない。飢えて死ぬか、それとも爆弾や弾に当たって死ぬか。あるいは「テロリスト」に従ってカミカゼ（人間爆弾）にされるか。今のシリアとかイラクあたりがそうですが、そんな地域では人間が住める条件が根こそぎ壊されてしまう。そういう人たちが難民になって、いまヨーロッパに年百万人の単位で移動しています。

安全の確保とか、平和の構築とか言いますが、ともかく平和というのは、組織的な殺戮とか破壊がなくて、人びとが日常の生活を営める状態をさします。安全というのはそういう人たちの命や生活が守られるということでしょう。そういう状態を、これ以上軍事力を使って作り出せるのか、この状況を改善できるのかというと、むしろ軍事介入によって地域生活の基盤を壊してしまったからこそこういう結果になったわけです。

今、なぜ日本が戦争をやれる国になろうとしているかというと、日米安全保障条約でいつもアメリカに守ってもらっているけれども、守ってもらうばかりでは申し訳ない、応分の負担をして、今度はアメリカのお役に立ちましょう、と手を挙げたということです。アメリカはアフガニスタンやイラクに侵攻したり、最近ではシリアも空爆して、いたるところに戦争をしかけて国を潰してきた。それが思うような結果にならないばかりか、手がかかりすぎるからほとほと疲れて困っています。アメリカはもうお金もないし人も出したくない。だからそこでお役に立ちましょうと言って、日本が出てゆくとしたら、どういう結果になるでしょうか。アメリカがここ十数年圧倒的な軍事力を投じて失敗してこの結果になっている。そこでアメリカの肩代わりをして戦争に加わっても、それが世界の安定や日本の安全確保になるのかということです。

そうやって手伝えば、アメリカが中国から日本を守ってくれると言う人たちがいますが、そのアメリカだって中国と事を構えるようなことはしたくない。相手は巨大だからです。大怪我するでしょうし、そんなことになれば世界中が混乱するでしょう。ベトナムのような小さな国との戦争でも、アメリカは十数年やって結局追い出されています。

アメリカは二十世紀の間、とくにその後半、世界のリーダーとして君臨し、世界統治のためのシステムを作ってきました。その間は中国を排除していたけれども、米欧つまり西洋が中国を従属させてきたのは、十九世紀の後半から二十世紀の半ばまでのわずか百年ほどだけです。中国には四千年の歴史があります。地球上で西洋世界がまだローマ帝国だった時代に、それに匹敵する秦《しん》という国が中国にはありました。今でも、西洋ではチャイナとかシナと呼びますが、これは始皇帝《しこうてい》の秦からきています。秦に始まるチャイナですが、そこにはすでに千五百年以上の歴史があったのです。そういう帝国だった中国が二千年の時が流れてその間にいろいろなことがあり、現在は、西洋のシステムが世界中に広がって世界は西洋的な仕組みで作り上げられ組織化されているけれども、そのわずか百年を除いて、実は中国は世界全体を形作る大きなファクターだったのです。

それが、この百年の不遇な時期を経て、近年、それにふさわしい力を回復してきたとなると、アメリカのような巨大な力でも、これはむしろ「世界経営」のパートナーとして考えないとやっていけないということです。だからアメリカは中国を牽制《けんせい》はするけれども、経済的には既に中国と深く結びついている。アメリカの国債を中国が一番多く持っていて、アメリカにたくさんお金を貸しているわけです。中国は半世紀にわたる孤立のなかでここまで回復しました。武力で崩そうというのは無理な相談です。そうするとアメリカはみずからの地位を維持するためにも、中国といろいろな形で駆け引きしながら仲良くやっていかざるを得ないでしょう。

そういう新しい時代に日本がどういう姿勢をとればよいのかと考えると、アメリカ一辺倒ということには当然ならないはずです。今の世界の中で日本の立ち位置・地位をどう考えるのか。いろいろ問題はあるけれども、ここ五十年余りの間日本は戦勝国でかつ占領国だったアメリカにピッタリと身を寄せて、それを頼みに、戦前からの中国との敵対を解くことなく中国を牽制しようとしてきました。その軸が日米安全保障条約です。けれども、世界の状況がこんなに大きく変わっている時に、中国の四千年の歴史も考えて日本が東アジアでどういう立場をとっていくかは、やはり考え直し組み直さないといけないでしょう。そうしないと身動きできない状況になる。現代のように技術や経済のグローバル化が進んでいるときにはとりわけ、世界の事柄を考えるのに、単純に戦争とか武力対立だけではすみません。にもかかわらず現在の日本の政府は、ともかく軍事化を目ざしてアメリカの戦争を手伝うと言っています。そして、これからはもう戦争を辞さないという姿勢を、中国その他の国々に示そうとしています。そしてその背中で、アメリカに守ってくれと言おうとしているわけです。こういう時代錯誤の硬直した敵対姿勢だけで国際関係を維持していけるのかということが現在の問題の根底にあります。

日本は戦争のできる国になるのか

さて、戦争についての話に戻りましょう。「戦後」と言われる時代が決定的に終わるかもしれないと言いました。「戦後」というのはいったい何だったのか。確認しておけば、それは少なくとも、前《さき》の戦争が終わって、以後、この国はもう戦争はしない、というふうになったことです。いろいろ議論はあるでしょうが、ともかく日本は、明治以降の国づくりの果てに、有史以来の大戦争をやって完膚なきまでに負けました。というより、完璧に国が破綻するような状況に導かれたわけです。その戦争は世界戦争の一角ではありましたが、日本にとってもやはり大文字のＷＡＲ、大戦争だったということです。そして「無条件降伏」によってその戦争が終わり、日本は二度と戦争はしないという姿勢をとることで、再び国際社会に受け入れられるようになりました。だから「戦争をしない」というのは、戦後の日本の世界に対する約束のようなもので、その姿勢が逆に功を奏して異例の経済発展を遂げ、世界の評価をかちえることにもなりました。そういうふうに進んできたはずの日本が、再び戦争ができる体制に舵《かじ》をきるとしたら、それは最早「戦後」ではないわけです。「戦後」というのは「戦争をしない」ということを含んでいたわけですから。

だから、今、日本は大きな転換点に立っているわけです。そのことを明示したのが、二〇一四年七月の集団的自衛権を容認するという閣議決定であり、それを具体化するために一五年に国会に提出され議論されたいわゆる「安保関連法制」でした。ただし、この法案が実際に法的に成立したかというと、参議院特別委員会採決の確認が取れていないとか、議事録に記載がないとかいう状況で、事後的に委員長が「可決したとみなす」と付け加えたとのことで、これが適法な可決になるのか、国会を通ったことになるのか、というような手続き上の合法性の問題もあります。委員会に関係のない議員たちがなだれ込んで委員長席を取り囲んだ「人間かまくら」と呼ばれたあの場面の映像は、日本中の人が見ているし、ニュースは世界にも流れました。その胡乱《うろん》な採決以前に、閣議でだけ決定された集団的自衛権の容認について、ほとんどの憲法学者が違憲だと言っています。閣議決定が違憲なら、それに基づいた法律は、基本的には違憲のはずです。そのような法律が実効性を持つのか、違憲濃厚のまま作られた法律が、憲法を差し置いて実際に使えるのか、その法律が憲法より優先するのかといった、根本的な問題も生じます。それで日本が本当に戦争できる国になってしまうのかどうか……。特にまた、軍隊とは違うとされてきた自衛隊に軍事行動ができるのか、そのような体制のもとで自衛隊員は銃を撃てるのかといった、現場に立つ人びとにとっての深刻な問題もありますが、それは無視して「安保法制」だけが作られてゆく。この種の試みは今まで何度かありましたが、違憲の閣議決定をする、というようなところまでは誰もやろうとしなかった。ところが安倍内閣はそこに踏みこんで憲法を捻《ね》じ曲げるようなことをしたわけです。そして日本が軍隊(自衛隊)を海外に派遣し、結果的に戦闘行為ができる状態にする法制を作ってしまったのだとしたら、日本は戦争をする国になったわけで――おまけに現政権は武器輸出の原則も変え、軍需産業の振興にも前のめりです――、まさに「戦後」は終わったということになるでしょう。

政府というのは、その国を内外に代表する機関です。だから日本政府の発言は、世界に対しては日本の態度表明になるし、国内社会にとっては、規範的な発言になるわけです。政府はそういう役割を担っていて、「我が国はこうします」という政府の言明は、私たちが個人の意見表明をするというのとは違う次元の意味と効果を持っています。政府の振舞いや発言は、政府に備わる権力と結びついて特別の通用力をもつのです。だから、政府に関与するような人たちのことを、世間では俗に「えらい人」とかいいますが、それはもちろん、ほんとうに偉人だということではなく、ただそういう役職にあるということですね。その人たちがトンデモないことをすると、子どもたちや普通の人たちが、「政府があんなことしているから、社会でも許されるんだ」とか「あんなゴマカシして、じゃあ普通の人たちはどうすればいいんだ」ということになってしまいます。本当なら、政府はその国の社会を照らし出す鏡のような役割を果たすわけで、あんまりひどいことをしてくれると困る。それが心配になるほど今、日本の政治は劣悪化しています。

政府は安保法制を、これは戦争法制ではなくて、平和のための法制だと言っていました。けれども、先ほど言ったように、事実上これは自衛隊が軍隊として戦争をすることができる、そうならざるをえない事態を招来する法律です。政府部内では「国軍」とさえ言って、交戦権があるかのような言い方をしています。政府やそれに関わる人たちは平気でも、現実には自衛隊員を戦場に送って危険にさらす、そしてひいては国民を危険にさらすということになる可能性もあるわけです。その戦争がさし当りはアフリカや中東の「テロとの戦争」だとすれば、これによって日本人はどこへ旅行しても「テロリスト」に狙われることにもなるでしょう。それでも政府は、国民を危険にさらすことも含めて、安全のためだと言っているわけです。

憲法に戦争はしないと書いてある。それを同盟国のためならできる、と読み変えるのは、「黒は白だ、黒は白だと読める」、と政府が言っているようなものです。これは政策の可否以前の、ちょっと由々しき事態です。そのうえ今の政府は、政府の批判をすると、それは「政治的な」「偏った」発言だと言って、抑え込み締め出そうとします。つまりは、権力を持っている者の言うことに従え、政府と反対のことを言うのは許さない、というような姿勢です。それでは民主政治が成り立たないどころか、まともな社会生活が成り立ちません。イヌをサルと決めたからこれからはそれに従えと言うようなもので、それでは、人間関係もコミュニケーションも成り立たなくなるでしょう。

犬はイヌで猿はサルです。そう言わないと話が成り立たないし、相互了解が成立しません。それを踏まえなかったら、議論もなにも成り立たないというのは、政治以前の、社会の基盤に関わることです。そこに政府が手を付けてしまうと、あらゆることが「政治的」になります。政府とは何かと言えば、まさに政治行為をするところでしょう。その政府が政治の前提条件を崩す一方で、政府に反対する人たちを「政治的だ」と言うのは、全く倒錯したおかしな話です。ただ、残念ながら、これが今日本で起こっていることなのです。そういう政府が、国のあり方をなし崩しに変えようとして、恥じらいもなく権力を振るっている。日本の現状は二重の危機に見舞われていると言えるわけで、だから今、あらゆる分野の学者たちや法曹関係者が、ものを言い抗議の声を上げているということでしょう。

日本にはそういう特別な事情もありますが、世界に目を転じても、戦争というのはどうしても避けて通れない問題になっています。戦争は絶えないし、新たな形で広がろうともしている。それに関して、日本のわれわれはどういうふうに事態を捉え、日本は今後どういう国になったらよいかという問いを念頭におきながら、戦争について考えてみたいと思います。

第一章　戦争って何？

戦争をさかのぼる

　ふつう私たちが「戦争」という言葉で思い浮かべるのは、基本的には国家間の戦争です。お国のために戦争に行く、とか、国の政策に反対して平和を訴えるとか、いろいろありますが、戦争にははっきりした「敵国」があって、その「敵」に対して自分の国が軍事行動をとる、ということです。そしてそこで「国のために戦う」とか「武勇を示す」とか「人殺しは嫌だ（だから戦争はしたくない）」とかいろいろな考え方がでてきます。日本の過去の戦争の話で、爆弾三勇士だとか、真珠湾攻撃だとか、特攻隊だとか、戦艦大和《せんかんやまと》が沈んだとかいうのも、すべて国家間戦争が枠組みになっています。

　しかし、考えてみると戦争が今のような国家間戦争になったのは、そんなに昔のことではありません。村とか国というのはあったけれども、今のように世界が国家に区分されるという状態が原理的に成立したのは十七世紀半ばのヨーロッパでのことです。その頃西洋で近代国家の形ができたのですが、その近代国家というものには要件があって、簡単に言うと第一に、明確な領土があること、第二に、人びとがそこに恒常的に属していること、つまり国民がいること、そして第三に、中心権力つまり主権があって一元的に統治されていることです。それを主権国家と言いますが、世界が――当時はヨーロッパが、ということですが――そういう国家の集まりとして考えられるようになってからの話です。

ここで少しだけ用語について補足しておけば、「ヨーロッパ」というのは、基本的には地名です。それに対して「西洋」というのは「オクシデント」というラテン語の訳で、これはローマ帝国を東西に分けたときの「西方・西側」にあたり、歴史的には単に地名というより文明的意味合いのこもった使い方をします。詳しくはわたしの『世界史の臨界』（岩波書店、二〇〇〇年刊）を参照していただければよいのですが、とりあえずこの違いを念頭においておいてください。

話を戻せば、ふつう、われわれが想定するのは、そういう主権国家同士の戦争です。ただ、戦争という言葉をもっと広げて考えていくと、昔の部族間の争いとか、さまざまな集団間の武力抗争とか、そういったものも一般的には戦争と言えるでしょう。

ところで、犬の群れ同士は戦争をするのか？　「一〇一匹わんちゃん」のように擬人化された犬は戦争するかもしれない。けれども、ふつうは犬が戦争するとは言わないでしょう。猿の群れが戦争しているとも言わない。それはなぜでしょう？

「戦争」という言葉にはもうひとつ欠かせない要件があります。それは武器を使って組織的に戦うということです。武器は文明の一部だから、人間の集団がやるのが戦争なのです。

では、なぜ集団間の抗争は起こるのか。人間が狩猟採集生活をしていた頃は、あの辺りに木の実がたくさんありそうだとそこへ行ってみたら、もうすでに他の集団がいた。俺たちは何十キロも歩いてきたのにあいつらが先に！ということで争いになったとしても、それは単なる奪い合いであって、まだ戦争という言葉には馴染《なじ》まないでしょう。餌場の取り合いというのは喧嘩《けんか》とは言うかもしれないけれども、戦争ではない。

それが、狩猟採集生活の段階を抜けて、農耕するようになるとどうでしょう。この場合は野菜ではなく、穀物栽培です。基本的には保存できる食糧ですね。農耕のためには集団が定住しなければなりません。定住して、穀物を栽培して収穫する。それは保存食糧になります。するとこれが人間にとっての最初の富となり蓄積財産となるでしょう。集団が富を持つようになる。この富は、お金ではなくて、命をつなぐことができる決定的な財産です。そうするとその財産の管理とか富の分配をめぐって、定住する集団内部で力関係や秩序ができる。そうやってその集団には定着した組織ができてきます。そこに、外敵が富を奪いにやってくる。もちろん集団で武装して。すると互いに皆が武器をとって戦い合うようになります。それがたぶん戦争の祖型だと言ってよいでしょう。そういう争いは残念ながら避けがたい。

そして武器が発達していって、集落の守り方も戦い方もそれに従って進歩してゆきます。戦車とか飛び道具ができたりします。そうすると、しだいに戦いに優れた大きな勢力が生まれ、そういう勢力が周りを平定していきます。例えばアッシリアとかエジプトとか。もちろん中国でもそうでした。戦争というのはそういうふうにして大きくなってゆきました。

集団が個にまさる時

ところで、原理的に言って、単独の人間というのは存在しません。人間は集団生活をしています。どういうことかと言うと、人間は言葉を使うでしょう? 言葉というのは、周りにそれを使っている人間が大勢いなかったら身につきません。言葉はつねに一人ひとりの人間より先にあったわけです。その言葉と共同性というのは切っても切れない関係があって、その関係の中でわれわれは一人ひとり人間になってゆく。だから人間というのは基本的に集合的存在であって、単独の人間というのは想定できません。

だから必ず集団があるわけですが、昔の集団の場合は、洋の東西を問わず、個人の独立といった意識は今ほど重要ではなかったでしょう。とはいってももちろん、体や心は別々で、生きているのは一人ひとりであって、顔も違えば名前も違う。それぞれ考えることも違う、区別された個人です。そんなふうに個であるけれども、一人ひとりが当たり前に個でありうるのは平時、普通の、平穏な時です。

けれども、ひとたび他の部族と戦《いくさ》だとなると、個は集団の要素になる。何のために戦うかというと、自分の属する集団を守るためだからです。その時には、あらゆる個の行動は集団のためのものとして統合される。そうでなければ戦いになりません。平穏な時は一人ひとりの個であるけれども、そうでない時、つまりそれを「非常時」というわけですが、その時には磁力がかかったように人びとは一斉に集団に統合されます。

皆が集団として戦います。けれども、その中で人並み外れて優れた働きをすると、そういう者が英雄になる。功労者になる。その英雄が倒れると、集団のために身を犠牲にした、そして自分たちを救ってくれたというので祀《まつ》られる。それが神と崇《あが》められたり、その子が権力者になったりする。そんなふうにして、非常時である戦の時の功績というのは、共同体の中でたいへん重要な意義を与えられます。

　それがときに部族の創設神話の主人公にもなる。われわれの三代前に河向うの大きな部族との戦があって、その時われわれの部族はまだ小さかったけれども、あの英雄のお蔭《かげ》で勝ち、大きく発展して今の繁栄がある、とか。英雄がこの国の基礎を造ったといった、集団ごとの物語があります。そうしてその物語をみんなで共有する。それが仲間意識や部族の誇りを作り、その英雄に続けと言って、次の戦の時にはそれを模範にみんなが戦うことになる。そして、一人ひとりの死は集団の存続のための「犠牲」だとして意味づけられ、そういうかたちで集団が固められてゆきます。

　そこで、まずひとつ言えるのは、平時があって非常時がある。その「非常時」の特徴は何かというと、個に対して集団が圧倒的に優位に立つということです。いわば集団が個に勝利するというのが非常時です。一人ひとりの生には意味はない。一人ひとりは死んでも、集団が生き延びればよい、ということです。そういう関係は平時には潜在化しますが、平時にも集団を組織する仕組みとして浸透してはいるでしょう。

非常時には、個を呑《の》み込んで集団全体がいわば励起されるわけです。それが個にも個を超えた力を発揮させせる。一人が倒れると、よし、お前の分までと、普段は頼りなくても、このときばかりは奮起して敵を何人も倒したりと、異様な力を発揮する人がいる。それをあれは人間ではない、人を超えた鬼神だ、血まみれになって怖い、というので畏れられながらも讃嘆される。怖いものを崇める、その御利益《ごりやく》にあやかるとか、そういう関係もありますね。それは崇拝というもののひとつの起源でしょう。

勝った方はそうとして、では敗れた方はどうなるか。場所や状況にもよるでしょうが、敗れると、男は奴隷となり、女は戦利品となって、その分、勝った共同体が豊かになる。そうして勝った側だけの物語が残ることになります。

ただ、もうひとつ生まれるものがある。それがエレジー（哀歌）ですね。こんなふうに国の人びとは雄々しく戦ったけれども、その甲斐《かい》もなく、故郷は敵に蹂躙《じゅうりん》され、父兄弟はみな倒れ、あるいは捕囚となり、喪失や滅亡を嘆き悲しむ女たちの哀歌というのも残ります。また、そんな哀歌を作ることで生き延びることができます。悲しみが内に籠《こも》ってしまうと気が狂ったり、水に飛び込んだりしてしまうけれども、こういう極限状況では、哀歌を歌うことで人は悲しみに表現を与え、死者たちを記憶し、表現することで生き延びてもゆくのです。悲しみの感情さえ生きる糧になる。

また、戦を見聞きした人が出来事を叙事詩に替えたりする。そういうところに文学の起源があります。そう考えるとまさに昔の人(たとえばギリシアのヘラクレイトス)が言ったように、戦いは万物の生みの親だったのかもしれません。技術は進歩するし、芸術まで生まれる。そして、それから信仰の形も生まれるのですから。

戦争はリセットと展開の元となってきた

もうひとつ、「非常時」の特徴は、殺人が解禁されるということです。前章で少しふれたように、人間はお互い基本的に殺さないということがないと成立しません。だから殺さない。それでも殺人を犯す者がいると共同体がそれを罰します。けれども、戦の時には、人間社会を成り立たせているこの「禁止」というものが、「敵」に向かっては解除される。むしろ、殺せ、と推奨されさえします。そしてめざましく敵を倒した者が顕彰される。そういう意味では、戦争では、人は半ば人間ではなくなるわけです。それが「非常時」です。要するに、戦争のもうひとつの性格というのは、「殺人の禁止」が「敵」に向けて解除されるということです。戦争では基本的に何をやるかというと、破壊と人殺しです。それが戦争の原型になっていて、文明の発達に従っていろいろと様相を変えてゆくわけです。

争いというのはたぶん人間社会では避けられないことなのだろうと思います。皆がお互い仲良くしようと思っても、それぞれの共同体の都合とか内部事情とかで、内でも外でも衝突が起こってしまうかもしれない。その結果、現実として戦争は途絶えたことがなかった。そして力の強いところが出てくると、それが広域を支配して帝国と呼ばれるものを作ってゆく。その帝国秩序内では平和ということもあります。一面ではそれは抑圧の全面化だともいえますが。そういうことが世界の各地域で起こってきました。

もしも、圧倒的な権威がどこかにあり、戦や争いをしてはいけないと強力な力でもって人びとを抑え込めば、戦争は起こらないかもしれない。そういうことを理想として掲げたのは例えばキリスト教でした。世界には創造主がおり、その創造主に万人がひれ伏せばそこは神の国になると。けれども、キリスト教もそれは理想であるということを隠していません。それは「天の国」だからこそ実現出来ることで、「地上の国」は欲望と憎悪が渦巻く争いに満ち、地上には平安はないというのです（事実、キリスト教はそれ自体が最も激しい戦争の原因にもなってきました）。それでもそこに神の一条の光がさすというのは、平和を求める気持ちが皆にあるということでしょう。とはいえ基本的に人間の綾《あや》なす集団的な暴力をどうすることもできません。もしかするとその暴力の本質的な部分は、人間のようなものが生きてゆくということと不可分の力なのかもしれません。

要するに一人ひとりが生きる力はそれぞれ働くけれども、一人ひとりは集団をなして集団の中で生きている。だからその一人ひとりの力というのは集団全体を高めるためにも働くし、集団が争いを起こすためにも働く。そして集団として動く場合には、今度は集団の力として統合されて同じ方向に向かう。だからそれが抑えられることはない。

本当にキリスト教が全世界に広まって、みんながキリスト教徒になって、敬虔《けいけん》で理想的なキリスト教徒になるとしたら、そこに天国は実現されるかもしれません。けれども、その世界はひょっとすると死の国と同じかもしれない。みんなが死んでいるのと同じような状態……。「天国」というのは死後にしか訪れないものだから、キリスト教の理想とはそういうパラドクスめいたなものなのかもしれません。「全世界が平安になった」ということは、皆死んでしまったということかもしれない。それは仏教の理想とも似ています。悟りを開くということは人が煩悩から解放されてニルヴァーナ（涅槃《ねはん》）に入ること、釈迦《しゃか》の入滅というのは死ぬことでしょう。死んだらもうどんな欲望も災いもないからニルヴァーナです。だとしたら、人間の生きる理想の境地というのは「死」なのかもしれないということになってしまう。けれども、死なない限りで、つまりは安らぎから隔たっている限りで、人間は生きているのです。

生きるというのはそういうふうに複雑なことのようです。一人ひとり違って、それが大勢集まっているのが人間世界です。それが全部協和するとは限らない。協和するというのは強制か無力化によってしかできなくて、そうなっていくと皆生きていないのと同じことになってしまう。人びとが生きている時の多様性というのは、いろいろな軋轢《あつれき》を生みだしたりもする。それをどうやって避け緩和するかということは人間が常々考えてきていることです。

社会の組織化というのもそのことと深く結びついているように思えます。どうやって争いや惨劇、あるいは暴力の爆発を防ぐか、抑制するかということと結びついていると思います。けれども、素朴に考えれば、戦争は避けられないし、集団間の争いは避けられない。それは暴力の方向づけられた解放として出てくるし、その時に個は意味を持たないし、その混乱はまた結果的にさまざまなものを生み出す坩堝《るつぼ》にもなります。

戦争はそのように、人間社会のリセットと展開の元になってきました。それによって作られる平和な秩序があったことも確かです。初めは両者はそのまま地続きだったことでしょう。それがどう分節化されてゆくかというのが、いわゆる文明の発展を刻んできたのだと考えられます。そんなことをまず念頭において考えてゆこうと思います。

第二章　国家間秩序

最初のヨーロッパ大戦

くり返し言うように、現代われわれの考える戦争は、基本的には国家間戦争です。それぞれの国の国民が、昨日までは友だちであっても国と国とが戦争だとなったら、今日からは敵味方に分かれて戦うことになる。国民は戦争に動員されるし、極端な場合には日本のように「一億総玉砕」になりかねないところまで戦ったりする。それが国と国との戦争ということです。もちろん、昔からある村と村とか、例えば中国だと都市がひとつの国のようなものだったので、そういう都市と都市との戦《いくさ》というのがあったけれども、そうした形は今われわれの想定するような国・国家とは単位の在り方や社会形態がだいぶ違います。われわれが考えるのは、国が徴兵制を敷くとか、多様な国民が一緒になって戦うというようなことです。そしてそこに近代の国家という組織の在り方や、それを成立させている国家間秩序のような、人びとを拘束する枠組みがあるのです。そのような仕組みは、歴史的に見れば実は二段階ぐらいを経て出来上がってきました。それが近代国家同士の戦争ということですが、まず第一段階が整うのは今から三百年ぐらい前、十七世紀の半ば以降のことです。

付け加えて言っておけば、これはヨーロッパでの話です。その後ヨーロッパ諸国は世界編成の主導権をとり、ヨーロッパの作り出した仕組みが全世界に拡張されることになるので、現在の世界の成り立ちを考えるにはまずヨーロッパから出発しなければなりません。これは歴史的にそうなっていますから、避けがたいことです。ついでに言っておけば、アメリカを加えるときには「西洋」と言います。「オクシデント」という表現の訳語ですが、それが後には、日本で「西側」と呼ばれる世界と重なってゆきます。

まず、大きな出来事から見ると、十六世紀後半からヨーロッパでは宗教戦争が長く続きます。ヨーロッパというのは何よりローマ・カトリックのもとにまとまる信仰世界だったのですが（東方「オリエント」にはギリシア正教圏があり、それに対する「西」、「西ローマ」というのが「オクシデント」の区別と呼称の起源です）、十六世紀の初めに宗教改革が起こって、西のキリスト教世界でカトリックとプロテスタントが対立します。そして、どちらの信仰が正しいかを巡ってこの地域の諸勢力が相争うという時代が百年くらい続きました。それをまとめて「宗教戦争」といいますが、信仰の正統性とさまざまな勢力の地域的・広域的利害が絡んで、あちこちで凄惨な戦いが起こりました。どちらも神の名の下に、神を掲げて自分たちは正しいとして戦うので、悪魔相手の戦いともみなされ、あらゆる暴力が猖獗《しょうけつ》を極めてひどいことになりました。お互い「神の敵」との戦いだから何でもするんですね。今でいえば「テロリスト」相手の戦争です。

ひとつの地域的な争いも旧教・新教の戦いとなると、そのつながりで戦争は各地に飛び火し拡大してゆきます。そうして起こったのが一六一八年から一六四八年までヨーロッパ全土を巻き込んだ三十年戦争といわれる戦乱です。この戦争はスペインからスウェーデンまで広がり、最初のヨーロッパ大戦と言われています。はじめはプロテスタントの反乱だったのですが、その鎮圧や加勢を口実に各勢力が領土や互いの利権を巡って戦争に加わる。そのうちカトリックのフランスがプロテスタント側についたりして何が何だかわからなくなります。当時はもうアメリカ進出も進んでいたので、そこでの権益も絡んで関係を複雑にし、収拾が難しくなりました。

戦争というのは基本的に殺し合いで、騙《だま》したりすかしたり、散々悪いことをします。だから、そのためにはやってもいいというお墨付きというか、正当性が必要になります。そんなの関係ないという人もいるでしょうが、皆に認めてもらい協力をとりつけるためには正当性（大義）が必要なのです。

キリスト教世界では、大きな戦争をやる時には、神様のためだとして正当性を調達していました。神のための、神が命じる戦争だというので、これは「聖戦」と言います。宗教が絡むといつもそうですね。神のための戦争だから、信仰の証《あか》しの務めでもあるわけです。イスラム勢力がヨーロッパに入ってきた時も、十字軍の時もそうでした。キリスト教世界を守る、あるいは聖地を取り戻す、皆神のための戦争です。その関連で言えば、ヨーロッパ人にとっては新しい大陸が大西洋のかなたで見つかったら、そこを征服するのも神の栄光を広めるためということでした。だからこれはいい戦争、やっていい戦争だということになります。戦争というのは先ほども言いましたが、町を壊したり、人を大勢殺したりしますから、躊躇《ちゅうちょ》なく行うためには、これはよいことなのだ、破壊も動機において正しい、つまり神のためである、だからキリスト者の義務としての聖戦だと、ジャスティファイ（正当化）されたわけです。

ところが三十年戦争の時代には、国王だけでなく、地域の領主や皇帝やさまざまなレベルの権力が入り乱れて、実は信仰の形ではなく、その諸権力の地上的利害の方が事実上の抗争の動機だということがあらわになってきます。そこで、地上の秩序を安定させるためには別の原理が必要だということで、もうカトリックだとかプロテスタントだということではなく、もっと現実的な利害を反映させた秩序を作ろうという趨勢《すうせい》が出てきます。そしてこの戦争に関与した六十以上の勢力の代表が集まって、いわば手打ちの儀式をやることになります。

主権国家体制の成立

それがウェストファリアというところで開かれた講和会議です。そこでは、オランダがスペインから独立するといったことが、もう信仰の問題というより、国家相互の関係として処理されるようになります。そしてローマ教皇庁の権威が棚上げにされ、戦争の口実に宗教をもちだすことはやめようということになります。プロテスタントには教皇庁のような一元組織はありません。そして実際に戦争をするのは地上の諸権力です。だから結局、実際の戦争の担い手である地上の諸権力が、宗教を棚上げして争いの調整枠組みの現実的な担い手になるということです。その単位が「主権国家」というものです。そして、戦争する権利があるのは実質的に主権国家だけということになりました。それまでは、国王が統治している国もあれば、地域貴族や郷士のような勢力があり、神聖ローマ帝国やローマ教皇庁もあって、そういうさまざまな集団が入り乱れて抗争したのですが、そんなことはやめて、主権国家だけが権利を代表する政治的秩序を作るということです。

主権国家という考え方はその前から徐々に出てきていました。

今では「主権」と言いますが、最初は抽象概念というより、王のような存在を想定して「主権者」が考えられたようです。つまり主権国家というのは、ひとつの国に最高権力者がいて、その権力の下《もと》に国が一つにまとまっている、そういうものだとされていました。この国家には領土があり、その領土を主権者は一元的に統治する、つまり同じ法秩序を課すということです。そして同時に国を挙げて他国と戦争をすることができる。そういうまとまりを持った国家だけが一人前の国家であるという考え方です。そういう主権国家だけが戦争をすることができる。そして、豪族や地方領主が勝手に武力を振るうと、そこを領土管轄する主権者が反乱として取り押さえるということになる。さらに、今までだとプロテスタントが武装蜂起すると、他のプロテスタント諸国に援助を求めることもできたけれど、主権国家の領土内だからということで手を出させないことになる。それは主権国家が内乱として鎮圧すべきもので、他の国はその国家の領土主権を尊重して手を出さない、つまり内政不干渉が原則になったからです。

もう一度主権国家を確認してみましょう。それはまず、確定的な領土があって、そこに一元的な支配秩序を課していますが、それを維持する最高権力があって（それを主権と言います）、その主権をもって他国に戦争を宣言することができる、そういう国家の形態です。では主権とは何なのか？ 国内をみずからの課す法秩序に従わせ、その法を守らせるために死をもって罰することができる、そういう権力です。そして同時にその主権は外国に対して戦争を宣言し、その時には自国の兵士に、侵入や破壊や殺害を命じることができる。つまり、主権というのは、内に向けても外に向けても、「殺す」ことができる権力だということです。そういうふうに主権を規定する人はあまりいないけれども、戦争をするという面から考えると事実上そういう事になります。

ただし、主権国家が戦争をする時には「今日からお前の国と戦争だ」と宣戦布告しなければいけない。これをはっきりやらないと闇討ちということになって周りの国々から不正扱いされ、正当性を奪われて他国の支持が得られないことになります。

ここでもうひとつ重要なことは、主権国家というのは、どこかの支配者が俺のところは主権国家だ、と言ってもそれだけでは成立しないということです。主権国家は、他の主権国家がそうと認めなければ成立しない。主権国家は他の同資格の国の承認を必要とし、認められるからこそ成り立つし、その結果お互いの内政不干渉も成り立つのです。お互いに、認めてくれよな、お前も認めてやるから、という相互関係に支えられている。だから、主権国家がひとつの単位になってできる広域秩序というのは、相互承認秩序だということです。

そういうふうに相互承認で成り立つ主権国家しか戦争をする権利がないというのは、ある意味でとても強い相互牽制《けんせい》と混乱抑止の仕組みです。相互承認と内政不干渉、それがベースにあって、どの国にも戦争する権利はある。ただし、いざ戦争をするとなったら、そのときにははっきり宣戦布告しないといけない。そして、お互いにやり始めたらなかなか引けなくなりますが、第三国がそろそろやめたらどうかと仲介に入り、休戦して講和会議を開き、利害得失を調整してこのあたりで手を打とうということで講和条約を結ぶ。それで戦争が終わることになります。だからこの主権国家秩序の下では、戦争には始めと終わりがはっきりあります。そしてそれは、主権国家秩序そのものと同じように相互協定で成立するのです。

さて、これで戦争が終わったとなると、基本的にそれからはお互い平和な関係になります。そうなると普通の通商等が復活します。だから戦争の時に、お互いにあまりひどいことをするとまずいわけです。例えば、兵隊は大体働き盛りの人たちだからそういう人が大勢死んでしまうとまずいでしょう。どこかで敵国の兵士を大勢捕虜にした時に、その捕虜を全部殺したりしたら、後でこちらも損するし、そういう事をすると恨みを買って徹底的に仕返しされたりします。だから、お互い、捕虜は殺さないとか、武装していない住民は攻撃しないとか、町中殲滅《せんめつ》したりしないという抑制が働きます。戦争中あまり無理無体な破壊や殺戮《さつりく》はやらないという約束事ができるわけです。それは戦時の決まりになります。だから、平時には普通の協定や商取引の決まりがあるように、戦争は戦争で国際関係の一部として一定の決まりのもとで行われるということです。

これが国家間秩序を律する国際法の基本です。このウェストファリア講和会議に自分の考えを生かすために何とか参加したいと思っていた人がいました。フーゴ・グロチウスです。本人は会議に間に合わずに亡くなってしまいました。それでも彼は「国際法の父」と呼ばれています。その主著のタイトルは『戦争と平和の法』といいます。それは国家間秩序を律する国際法というものが、平時だけでなく、戦時をも規制する。そして戦争も無法状態ではなく、ひとつの法状態なのだ、ということを示しているのです。

戦争する権利の誕生

この体制は、とにかく主権国家にしか戦争の権利がない、逆に言うと主権国家は戦争する権利があるということを柱にしています。だからどの国も戦争ができるということです。ただし、相手が弱小国ならいいでしょうが、強国だったら勝ち目はないか、相当の被害を覚悟しなければならない。そこでどの国も身を守るために、あまり勢力差ができないように、他国と組んで広域での勢力均衡をはかる、ということになります。だからそう簡単に戦争はできない。そのため、戦争の権利を認めたとしても、野放し状態になるかというとそうではなくて、かえってそれが相互牽制を生んで、結果として戦争が抑止される。それに、戦時も無秩序に何でもありではなく、同じ資格の国家同士の約束事があって、戦争もひとつの法状態だという枠をはめたので、無法な戦争というのは起こしにくくなります。無法な戦争をやった途端に、その国は信用を失って国際秩序から排除されるからです。実際には、強国の横暴などで理屈通りにはゆきませんが、それでも、建前はあるわけです。このように戦争する権利を認めたけれども、その権利を主権国家に制限することで、全体としては戦争を抑止するシステムになりました。それがウエストファリア講和会議の結果で、これ以降のヨーロッパの秩序がウエストファリア体制と呼ばれています。

このようにウエストファリア講和会議は、主権国家を単位とした国家間秩序を作り出しました。国際関係とか国際法秩序というのと同じことです。これを英語ではインターナショナル・オーダー（国際秩序）といいます。よく「国際関係」とか「国際世界」と言われますが、中世のヨーロッパに国際関係があったかというと、厳密な意味では実はなかったんですね。国々はあったし領主もいたけれど、それは王たちの持ち物とか支配領としての国です。そしてそこにいる人は、その土地で生活している「領民」であって「国民」というわけではありません。ただその土地に住んでいる人たちです。国王の他にもさまざまな階層の権力があって勢力関係がある。それは、ある時には封建的な関係で主従になっていたりもするし、それとは異なる別格として神聖ローマ帝国があったり、皇帝を選ぶ選挙侯がいたり、また教会のヒエラルキーがあったりと、皆位相が違いました。それがウェストファリア講和会議以降、対等な諸国家間の集まりとしての国家間関係に整理されたのです。そして同格の国々が国境を接して対峙《たいじ》します。そのような仕組みを生み出したのはヨーロッパだけです。そういう体制がヨーロッパで十七世紀にできたということです。

このことを後の二十世紀のドイツの法学者カール・シュミットは「ヨーロッパ公法秩序」と呼んでいます。公法秩序というのは、それぞれの国が国内統治をやっていて、それがひとつの主権に属するというかぎりで「プライベート」な領域だとすると、国家間関係は「パブリック」な領域ということになります。それで、このことをヨーロッパ公法秩序と呼んだのです。諸国家間の関係で、ヨーロッパという広域空間の秩序をなしていて、その秩序を成り立たせる枠組みが、戦争と平和の分節を含んだインターナショナル・ロウすなわち国際法だということです。シュミットのこの表現には、近代の国際法というものが、歴史的に近代ヨーロッパの構成と不可分だということを明示する、そういうメリットがあります。

戦争はこれ以後、国家間戦争になりました。けれども、その時はまだ国民が動員されるという形ではなかった。封建的関係のもとでは、小さな領主や騎士など、いざというときに国王のために戦う階層があります。彼らが一族郎党を集めて戦争に行き、それでは足りないというので傭兵《ようへい》を雇います。傭兵で暮らしを立てる人たちもいましたが、土地を追われた百姓などが傭兵になったりしました。しだいに常備軍も整えられますが、事情は同じです。そうすると、フランスのブルボン朝の戦争をフランス人ではない人た

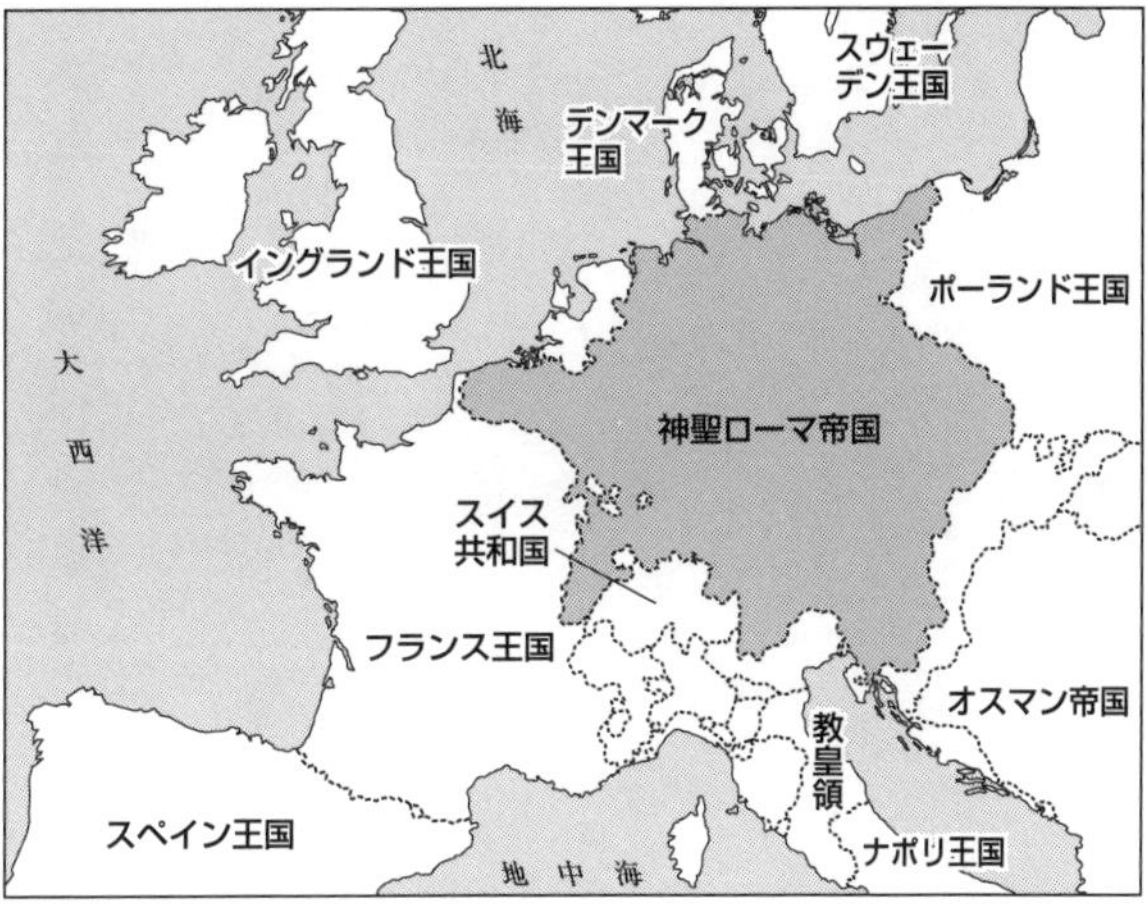

17世紀ウェストファリア体制下のヨーロッパ。神聖ローマ帝国は様々な国の集まりだった。

ちが戦っているということがありえます。まだその当時は、人びとはその土地付きの領民であって、後の国籍のような制度はありません。だから例えば、中部フランスの一地方がスペインのハプスブルク家の所領になれば、そこはフランスではなくてスペインです。その領土の人が国のために戦うということは、もう一段歴史が進まないと起こらない。それはフランス革命以降になります。

第三章　国民と国民の戦争

共和国と義勇兵

戦争というのは国の最高権力の発動で、集合的暴力が組織的に吹き出します。革命はその権力を覆してしまいますが、集合的暴力の発露という点では似ています。いずれにしてもそれは「非常時」です。フランス革命が何をしたかというと、それまでの国王支配の体制を普通の人たち、特権をもたない平民たちが崩してしまった。そのときは、周辺の国も国王や皇帝の支配する国だから、フランスの革命が自国に波及すると困ったことになる。だから、フランス王妃マリ・アントワネットの出身地のオーストリアをはじめ、周りの国々は、革命なんてけしからん、ということで革命を潰しに軍隊を送ります。そうなると、外国の介入の手引きを国王がしたのではないかと、フランスの民衆は怒って、結局国王ルイ十六世をギロチンにかけてしまいます。この時は、暴動を起こした民衆が国家反逆罪に問われるのではなく、国王の方が、民衆への謀反を企てたというので反逆罪に問われる。この逆転が起こるのが革命です。

するとどうなるか。主権者だった国王がいなくなって、この国は解放されて皆が自由になったということだけれども、その「自由の国」フランスが周りから潰されそうになる。そこで、革命を起こした人たちは、自分たちの手に入れた自由を守るために、外国からの干渉勢力を撃退しようと立ち上がります。その時に、もはや国王はいない。ではこの国は誰のものなのか？　自分たちのものだ、という意識が高まります。そして手に入れた自由を守るということは、そのままフランスという国を守ることにつながる。これは自分たちの国だ、だから自分たちで守る、ということです。このときに初めて、国民と国家がひとつになる「国民国家」という考え方が実質をもったのです。

それ以前から、考え方としては、国王の権力の基盤は何か、それは民である、国内に住む住民だという考え方はできていました。けれども、フランス革命が実際に起こって、本当に国王を抹消したとき、国王なしのフランスという国家の枠がそれだけで浮かび上がりました。今までは、フランスはブルボン朝の国王のものだったかもしれない。たしかに、ルイ十四世は「国家とは私のことだ」と言っていました。ところが今、国王はいなくなったけれども、フランスという国はそれでなくなるわけではない。国王なしの国家が残る。そして国王を抹消した民衆は、自分たちがその国の主だということに気付くのです。文字どおりに国民が主権者だという状況になったのです。

その人たちは、国王をなくし、それまでの身分制や特権階級を廃して、やっと自由を手に入れました。命がけです。その自由が他国からの干渉で潰されそうになっている。そうしたら自分たちで守るしかない。それで彼らは義勇兵となって戦線に赴きます。そういう義勇兵が各地から集まってきて、革命政府の側についた軍人たちの指揮で外国の干渉軍や国内の王党派と戦いました。なぜならこの国はいまや自分たちの国だからです。

そこにすぐれた指揮官としてナポレオンが登場しました。まず、侵攻してくる敵を撃退し、その勢いをかってヨーロッパ中を制覇していきます。ここで初めて軍隊が国民軍になります。実は革命政府は最初は義勇兵に頼っていました。革命政府に味方した軍人もいたので彼らが義勇兵を率いて戦いました。けれども、国民は主権者になったのだから国は国民皆が守るべきだということで、すぐに徴兵制が始まります。農村などでは、働き手が奪われるというので抵抗もありましたが、義勇兵が大勢集まるほどだから、無理やり連れてこられた兵隊とは違います。皆が自分たちの国を守るというのが共和国の原理、国王のいない体制の原理なのです。

ほぼ同時に、皆が社会に参画するために読み書きそろばんを習えと、公教育が始まります。こうやってフランス国家を担う人材としての「国民」の育成が始まります。それまでは意識的な国民というのは一般的ではなかったし、制度化されてもいなかった。もちろん、日本の江戸時代の森の石松のようにお国自慢をする人はいても、国に帰属する「国民」という意識はまだ明確になっていない。それが今や、この国は誰のものだ、君たち、わたしたちのものだと言い、われわれが国を担っているのだ、と自覚する「国民」が登場したのです。その国民が制度的に再生産される仕組みも作られるようにようになりました。それが軍隊と学校です。

国民軍の形式

実際彼らがナポレオンに指揮されてヨーロッパの他国軍と戦うと、フランス軍はやたらと強い。なぜなら、他国の軍隊は雇われ兵だったり、国王や領主に命令されて引っ張り出された兵隊ばかりです。だいたい傭兵は生きて帰らないと給料をもらえないので、命がけで戦おうなどという気はないでしょう。死んだりしたら元も子もない。けれどもフランスの義勇兵は違います。自分たちの自由の国を、フランスを守るという自覚をもっています。「自由か然《しか》らずんば死か」という言葉がありますが（これ自体はアメリカ独立戦争に加わったラファイエット侯爵の言葉です）、そういう気持ちで戦争に加っているから、多少の苦境にはめげず、命がけで戦います。だから他国の兵隊はたじたじになって逃げてしまう。それでナポレオン軍は破竹の勢いで勝ち続けました。

このことは、初期のナポレオン軍に敗北したプロイセンの軍人クラウゼビッツの生涯の課題になり、『戦争論』を書かせることになります。ナポレオン軍はなぜあんなに強いのか、と彼は考えます。フランス兵は自分たちがなぜ戦うのかを知っている。それは自分たち自身の戦いであり、死ぬかもしれないことも納得して戦っている。いわゆる士気の問題です。そうして、フランス軍の強さの秘密が分かると、今度は他の国もそれに倣《なら》うようになります。国王は、自分はたんなる支配者ではなく、君たちの代表なんだ、この国を守るために戦わなければならない、君たち自身のために、君たちの国のために戦おう、と呼びかけます。そこで国を愛する気持ちとか、国王ではなく国家への忠誠とかが強調されて「国民軍」が作られます。

さらに、王たちは、君たちの意見も聞こうと言って、議会を開いたりします。そういうふうに、いわゆる今日言うところの「ナショナリズム」を作り出し、盛り立てて、あの不埒《ふらち》なフランスのならず者のためにこんな目に遭わされた君たちの祖国を守れとか、フランスの席巻を許すな、とかいうかたちで、軍隊を組織し直していわゆる国民戦争をやります。だからこの頃から戦争は、国王のではなく、国民同士の戦争ということになりました。そのため、ナポレオンが皇帝になってから追い落とされるまでの戦争は、歴史上、「諸国民戦争」と呼ばれています。

ロシアでもナポレオンが攻めてきた時、次々に街や村を放棄して奥地まで引きずり込んで冬を待ち、ナポレオン軍が兵糧もなくなって兵が凍傷で動けなくなる頃を見計らって総反撃に出ました。最終的にナポレオンは大半の兵力を失って追い返されますが、この戦争はロシアという祖国を守る戦争（祖国戦争）と呼ばれ、ロシアの国民意識を大いに強めました。ヨーロッパではナポレオン軍の進出による「革命の輸出」が各地に民主化の動きを広めるわけですが、それは同時に国民意識の形成としても作用してナポレオン軍を苦しめます。そういう状況の中で、戦争は国王の恣意によってするものではなく、国民の意志で、国家的に行われるという装いをもつようになりました。

国民みんなが戦う。理想的に言えばナポレオン軍のように、国民みんなが自分たちのためと思って戦う、そうなるのがよいとされました。そうして民衆が自ら武器をとって国のために戦うとなると、当然そこに政治的発言権がついてくるようになります。これがヨーロッパ近代の共和制の下《もと》における、あるいは王政の下における民主主義台頭のベースになっていきます。

余談になりますが、そうしてできたヨーロッパの国民軍と比べて、日本の軍隊はちょっと特殊な形で成立します。近代国家形成の中で義勇軍から発したのではなく、はじめから天皇のための軍隊として作られました。明治国家の形成とともに徴兵制が敷かれます。たとえば西郷隆盛《さいごうたかもり》の一党は賊軍として討たれました。西郷は武士だから戦士階級で、士族の反乱を率いたのですが、それが徴兵制で集められた百姓の軍隊に敗れた。近代的な装備と組織の軍隊が武士の軍に勝ったのです。日本では軍隊は最初から徴兵制で国家のために徴用されたものでした。つまり一度も、主権者として自発的に戦う兵士であったという経験がないのです。ただ、上位下達、絶対服従という軍隊の規律だけが課せられ、そのうえにすべては天皇のためという大原則がおかれます。そして国民は教育勅語で「天皇の赤子」という意識を植えつけられました。すると軍隊では、上官は、「自分の命令は天皇の命令である」と言って、部下を絶対的に服従させます。無謀な突撃といった話だけではなく、訓練の時からめちゃくちゃな理不尽なことを、「天皇の命令が聞けないのか」と言って押しつける。そのうえ上官は自分では責任を取らない、という抑圧構造になっています。そういう組織の下に置かれた兵士が戦場に解き放たれると、とんでもないことになるわけです。戦争の悲劇や戦場の苦悩を描いた文学作品はどこの国にもありますが、「軍隊もの」というのは他の国では聞いたことがありません。ところが日本の場合には、野間宏《のまひろし》の『真空地帯』とか、大西巨人《おおにしきょじん》の『神聖喜劇』とか、大岡昇《おおおかしょう》平《へい》の戦記物なども入れていいでしょう、軍隊がいかに理不尽で悲惨かといったことを描いた多くの作品があります。いまでは誰も読む人がいませんが、もっともポピュラーなところでは五味川純平《ごみかわじゅんぺい》の『人間の條件《じょうけん》』という大作もあります。

これらは日本の軍隊（皇軍）の生活が戦場以外でもいかに理不尽で過酷で、日本の戦争がいかにひどかったかということを描いた作品群です。海外にはそういうジャンルは見当たりません。そういう意味で日本軍というのは特殊だったのです。これは軍隊が義勇兵であったという伝統がないということと関係しているでしょう。アメリカにしても独立戦争があったし、入植者がつねに武装していたし（これはこれで別の問題を抱えていますが）、義勇兵の歴史はあるわけです。

国民と国民の戦争

フランス革命以後、戦争は意識の上で国民が担うものになりました。そして旧来の王家の戦争は、国と国、国民と国民の戦争になっていきます。その意味では、政治とともに戦争も民衆にヘゲモニー（主導権）が移っていき、戦争がいわば「民主化」されていきます。言い換えれば、「万人の万人による万人のための戦争」になるのです。そういう形ができるのがフランス革命から十九世紀前半と言っていいでしょう。

ちょうどその頃ですが、フランス革命と前後して、産業革命がイギリス、次いでフランスで起こり、やがてヨーロッパ中に広がっていきます。それによって、物が大量に生産されるようになり、鉄砲も弾も、その他の軍需品もたくさんできるようになります。するると、組織された国民軍に機械化した武器が行き渡ります。生産力が高まるだけでなく、技術も向上して、武器の殺傷能力がしだいに高まっていきます。

それだけではありません。王家の戦争の場合には、たとえばブルボン家が国の全てのお金を握っているわけではありません。王家の財布には限りがあって、傭兵を雇って戦争をするといっても、長引く戦費を賄《まかな》うには限度があります。商人にお金を借りるにしても限度がある。もうこれ以上やったら金庫はからっぽだとなると、何とか講和の算段をするしかない。つまり、戦争は王家の財政事情にも制約されていました。傭兵ということもあって、戦争の激しさも規模にも制約がありました。しかし、国民が自分たちのために戦うとなると、傭兵ではなく徴兵制になり、理論上は国の成年男子全員を兵士として動員できることになって、兵力自体が拡大します。そして、戦費も王家の財布ではなく国家予算の枠まで増やせるようになる。それらすべてが戦争遂行の条件になるのです。

それでも、十九世紀の中ごろまでは、ヨーロッパ諸国ではそれぞれの国内での混乱が主で、なかなか大々的な戦争の展開にはなりませんでした。大きな戦争と言うと、普仏戦争（フランスとプロイセンの戦争）がありましたが、フランスは内政が混乱していたこともあり、二、三日でパリが陥落してしまいました。その後パリ・コミューンができるけれども、それぞれの国で近代国家作りが大きな課題になっていて、大国間同士の本格的な戦争にはなりませんでした。

もう一つ、産業革命以降の諸国が、原料の入手とか製品の販売市場を拡大しようとして、海外進出の方がさかんだったということもあります。いわゆる植民地の展開ですが、そんなふうに統治領域が拡大して、周辺的な戦争や小競り合いはあっても、ヨーロッパ諸国同士の大きな戦争にはなかなか発展しなかったのです。

そうこうするうちに武器において飛躍的な発明がされるようになりました。まず機関銃が、そしてダイナマイトが発明されました。今までは一発一発弾を込めるか、連発銃ができても五、六発撃ったら終わりでした。それが、自動的に弾を撃てる機関銃――マシンガンができて、一度に百発以上撃てるようになります。敵の兵士を次々と倒せるようになりました。そういう攻撃兵器ができると、今度はそれを防ぎながら進める装甲車が開発されます。もちろんそれは自動車の発明の後ですが。ダイナマイトは扱いが簡便で、敵陣を一気に吹き飛ばすことができます。これが十九世紀の終わりごろに急速に普及して、発明者のノーベルが「死の商人」と言われながら巨万の富を築いたことは有名です。その結果、戦争の破壊力、殺傷力は天文学的に上がっていきました。

戦争が、国民同士の戦いとなり、国民誰もが戦争に加わるようになり、いわば戦争が「万人のもの」となって、そこに産業革命による技術革新や大量生産が加わり、兵器の殺傷力が加速度的に発達するという事情が重なります。そうした新たな条件の中で、戦争の潜在的な広がりは社会全体を組み込むようになりますが、そのことが本格的に露呈するのが第一次世界大戦だったのです。

メディアと共通意識

もうひとつ、忘れてはならないのがマスメディアの登場と役割です。フランス革命の頃はパリでバスティーユの牢獄《ろうごく》が襲われたことがマルセイユまで伝わるまでに二、三日

ウィーン会議の頃のヨーロッパ。1814－15年オーストリア帝国の首都ウィーンでフランス革命とナポレオン戦争終結後のヨーロッパの秩序再建と領土分割を決めた。

はかかりました。それから事情が全国に広がるには、旅芸人が芝居をして回るような状況でした。それが、革命騒ぎの中でビラやパンフレットの類が乱れ飛び、情報や意見が求められ、新聞のようなものが一気にできてきて情報が早く広く供給されるようになりました。それは革命と民主主義の必需品でもあったのです。

国が共和制になると、一定の税金を払えば誰でも政治に参加できるようになります。そして国民育成のための公教育が始まりますが、文字を読める人が増えてくると、その人たちに情報提供する手段も増えていきます。当時のメディアは、新聞とかパンフレットといった印刷物が主です。それが普及することで、日々起こっていることの情報や、直接知らない遠くの事情や出来事など、それにさまざまな意見などが広く拡散され共有されるようになります。

ただし、メディアの役割は情報伝達だけではありません。もっと深く社会を規定し造形する役割があります。それまではほとんどの人は、生まれた場所に留《とど》まって暮らし、比較的狭い地域で一生を終えるのがふつうのパターンだったのが、社会の近代化・産業化に伴って、田舎からどんどん人が流出し都会に集まるようになります。そうした人びとを集めて都市は発展しますが、その結果都会は、どこから来たか分からない、繋がりを失ったバラバラな人びとの集積になります。よく言うように、砂漠のような都会で、人びとはそこに集まった砂粒だというわけです。そのバラバラな人間を繋ぐのは、工場とか溜《た》まり場とかでもありますが、それもたまたま居る場所でしかありません。そういう人びとにある共通性を作るのは何だと思いますか？　かつては地縁血縁や共同体が人びとのまとまりのベースになっていましたが、そういうものを離れて都会に集まった、出自の違うさまざまな人びとを直接繋ぐものはなにもありません。そういう人たちを繋ぎまとめるもの、それが近代のメディアなのです。

どこから来た人も、そこでは同じ言葉、フランス語ならフランス語で書かれたものを読んで、同じ情報を手に入れ、同じ出来事を知り、そうやって同じ知識を持つようになります。そして、そのような共通性で結ばれた人びとがじつはフランス人だということになります。そう言ってよければ、メディアはまず基本的にドメスティック（国内的）であって、それによって結ばれる人びとの内的なまとまりを作るのです。その中身で幅を利かすのは、出来事の的確な情報とかより、むしろこの環境そのものがさまざまな領域で作り出すスターのゴシップだったりします。アイドルの失恋とかスポーツ選手の逮捕とかは、当人とは直接関係のない多くの人びとが共通に知り、話題にするネタになります。そしてそれを知っているということが、互いに何の関係もない人びとのドメスティックな共通空間を作るのです。その情報を共有することが、かつての地縁的な共同性から吐き出されてバラバラになった人びとを繋ぐ新たな共同性を作ることになります。それを担うのが、まさに繋ぎの媒体を意味するメディアなのです。そしてそのドメスティックな空間が「国民」としての共同性を生み出します。それは基本的には言葉、つまりその国の国語によって繋がっています。このことはあまり意識されないけれども、実際はそのように、「君もフランス人？――ぼくもフランス人だよ」という承認と了解が作られます。そして、フランス語を話すこと以外に繋がりが無くても、それをベースにして同朋《どうほう》意識と、同時に違う者を除外するプリミティヴな排除の傾向が生まれるのです。あいつらは違う、変だ、信用できない、というわけです。

メディアは何をしたかというと、解体された古い共同性を近代の共同性に置き替える働きをしました。その近代の共同性というのがネーション、国民という共同性です。フランス人ならお互いにフランス語で話し、フランス語の新聞を読みます。フランス語の新聞に書かれているのは何かというと、フランスのニュースです。国内のニュースだけではありません。イギリスがどうしたとか、外国のニュースもありますが、それは外を見る目で他の国を語る語り方です。メディアというのは、そのように基本的にドメスティックなもので、そうやって内に閉じた空間を作ります。そしてそれが国民の意識の形成を支える役割を果たします。ほとんどそれがベースになる。社会が近代化してみんなが個々バラバラになるかというとそうではなく、バラバラだからこそ、そのように解体された個々の人びとが別のかたちで結び付けられ、地縁や血縁にとって代わるようにして新しい共同性が形成される。その新しい結び付きを、メディアが担うのです。だからメディアは近代国家、そして国民国家と切り離せません。そしてそれを基盤に、戦争はますます「国民の戦争」になっていきます。そういう変化が広範に進むのが十九世紀から二十世紀の初めにかけてのヨーロッパです。

第四章　世界大戦への道

新たなヨーロッパ大戦

二十世紀の初め、世界の主要な国々と言えばヨーロッパ諸国を指していて、それ以外ではアメリカとロシアと日本と中国くらいでした。ところが中国はもうヨーロッパ諸国に侵蝕《しんしょく》され、そこに日本も加わってゆくという情況でした。それ以外の場所はほとんどがヨーロッパの植民地です。だからそのころ、地表の七十〜八十パーセントはヨーロッパ諸国の支配下にあり、そういう意味では、「世界」といえばヨーロッパだったと言ってもいいわけです。

そのヨーロッパ諸国間で争いが起こります。それまでヨーロッパは、内で争うより外に出て行っていたのですが、世界のほとんどの地域がどこかの国の支配下に入り、もう手つかずのところがなくなってしまった。普仏戦争で勝ったドイツは、プロイセンを中心にして統一されたけれども、そのドイツにはもう取れるところがほとんど残されていなかった。そこで後発のドイツは、英仏が先行していた植民地の再分割を要求することになります。

今、アフリカでは国境がところどころ定規で線を引いたように直線になっています。あれはなぜかというと、一八八五年にドイツのベルリンでヨーロッパ諸国が集まって、アフリカでの権益分配を協議しました。ここはフランス・イギリスの既得権下とか、ここはドイツに優先権を与えるとか、ここはベルギーとか、机上で地図をみながら分割線を引いたのです。その分割に現地の住人たちは関与していません。そのため、後にアフリカ諸国が独立することになっても、アフリカの人たちはその時に机上で引かれた植民地分割に従ってしか独立できない、という根本的矛盾を抱えて大変な思いをすることになります。

そんなことからヨーロッパ諸国間の争いが始まって、ちょっとした出来事をきっかけに、諸国間の連鎖する利害関係に火がついて、それが全体に広がるという情況ができました。こうして生じたのが第一次世界大戦ですが、ヨーロッパではまずこれは「大戦争」と呼ばれました。戦争抑止のウェストファリア体制ができたその場所が再び全面的に戦争に陥ってしまった。後にそれは「世界戦争」と呼ばれるようになりますが、先ほど言ったように、当時は「世界」と言えばヨーロッパが「世界」だったわけですから、ヨーロッパでのザ・グレイト・ウォーはそのままワールド・ウォーでもあったのです。

実際、主な戦場はヨーロッパでしたが、戦争の拡大のために兵隊が足りなくなると、例えばイギリスはインドやネパールから、フランスはセネガルなどアフリカ植民地から要員を連れてくるし、植民地の争奪もあって、戦場も実際、中国や太平洋にまで広がりました。このときは最初でしたが、しばらくしてもう一度世界を巻き込む大戦争が起こったため、これは後に「第一次世界戦争」と呼ばれるようになります。

日本では「世界大戦」と言います。たしかに世界大の戦争だったのですが、事の性質を正確に受けとめるためには、「大戦」と言うより「世界戦争」と言った方がはっきり

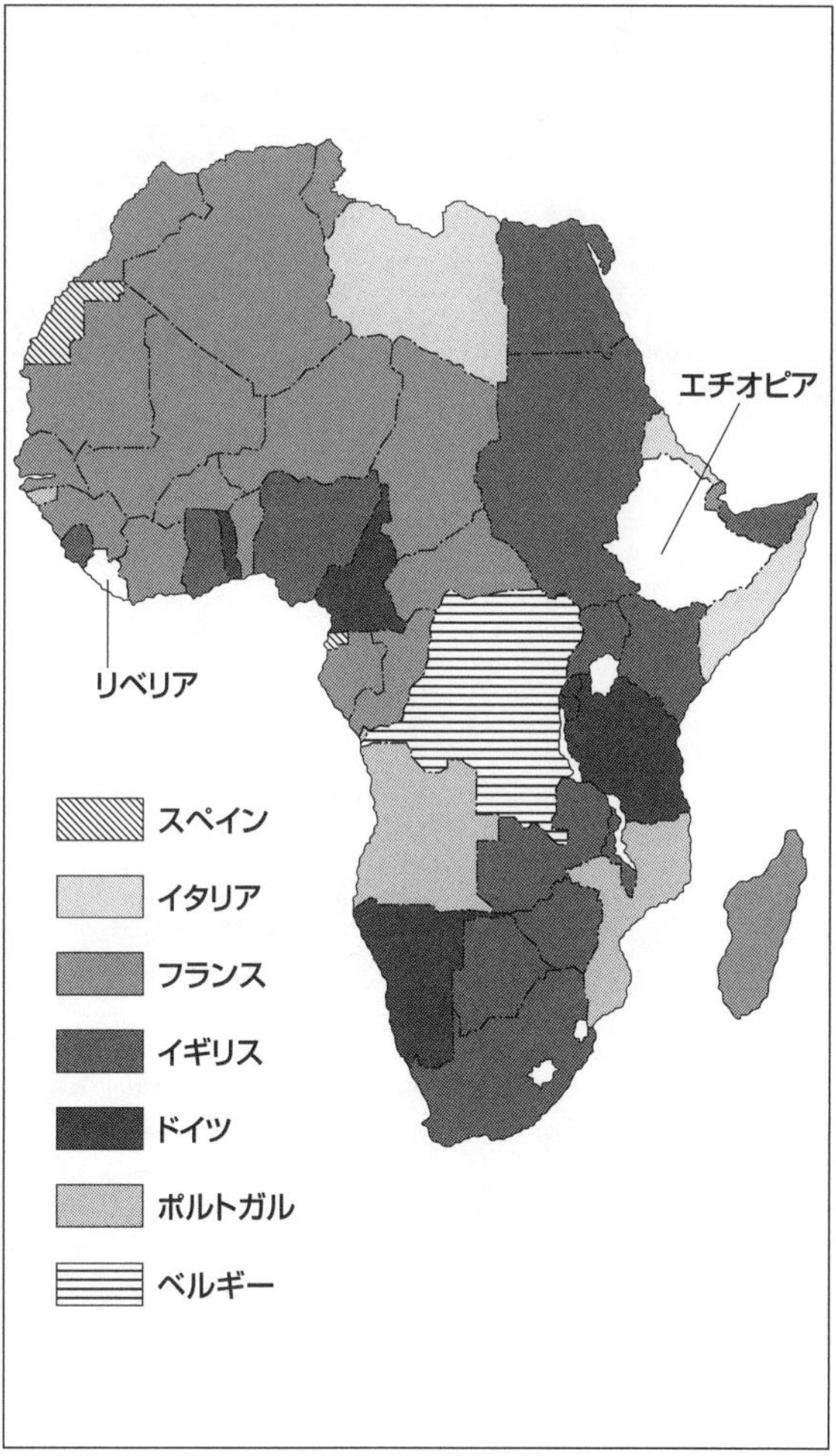

1885年のベルリン会議で決まったアフリカ分割図。

するでしょう。「大戦」と言うと規模や広がりだけが強調されます。けれども、その質について考えた場合、世界戦争の「世界」というのは「人間世界」全体のことです。つまり、単なる地理的な広がりだけではなく、人間が生存する環境や生活条件を含めた全てが戦争に呑《の》み込まれたという意味では、「世界戦争」と言った方が事の本質はよく表現できます。

　はじめドイツは電撃作戦を行って二、三週間で戦争を終えられると思っていました。ところが、先ほど言った近代国民戦争の諸条件があって、いったん始めた戦争はそう簡単には終わらず、ずるずると続いていきました。ひとつには兵器の殺傷力が圧倒的に強力になって、攻撃もできるけれども被害も甚大になっていた。なおかつ戦争中にも技術が進化して、次々に新しい兵器が出てくる。それに、国民戦争ともなると、いったん始めた戦争はなかなか止《や》めることができません。政治家もそうだし、軍の司令部はなかなか敗北を認めません。現場の兵隊たちは別として、司令部では、負けるから止めようとは、なかなか言えないようです。言い争いになると、強気なことを言った方が主導権をとるので、結局戦争は止められなくなってしまいます。

　それでどうしたかというと、最終的にはドイツに革命が起こって政府が崩壊し、皇帝が退位して、降伏を無条件で受け入れる――つまり国を潰されても構いません、とにかく戦争は止めにしよう、という終わり方をしました。双方に国の形があって、両方に責任政府があって、適当なところで手を打つ、といった戦争はもうできなくなってしまったのです。徹底的に一方の国が崩壊するまで、止められなくなってしまった。それに四年半かかりました。この時から戦争は歯止めの利かないものになりました。

　武器としては、機関銃があり、ダイナマイトがあり、装甲車が登場し、砲台にキャタピラーを付けた戦車が登場しました。そしてそれを食い止めるために塹壕《ざんごう》が掘られ、兵士はその中に長期に籠《こも》ることになります。するとそれを壊滅させるために今度は毒ガスが開発され、それで一気に敵を殺すというわけです。さらに航空機が実用化されて、上から爆弾を落としたりガスを撒《ま》いたりする……というように次から次へと破壊力も殺傷力も輪をかけて高まっていきます。それでも戦争は続いて、フランスの北部のベルギー国境に近い所では、三か月の間に何十万人という死者が出ました。それまでの戦争では想像できないほどの死傷者です。そのため、前線から帰ってきた兵士たちは、戦場のあまりの苛酷さと恐怖と緊張のためにいわゆる戦争後遺症で心を病む人がたくさん出るし、町中に傷痍《しょうい》軍人が徘徊するといった光景が生まれました。文明の進歩の果てにこんなことになってしまった、ヨーロッパもこれで終わりじゃないかと、そこから先を悲観するような考え方が登場します。よく知られているのがオズワルド・シュペングラーの『西洋の没落』という本で、これが一世を風靡《ふうび》します。その他、この戦争がヨーロッパ世界に与えた影響は深甚でした。

戦争の世界化と総力戦

あの戦争は何だったのか？　ドイツのルーデンドルフという将軍はこの戦争の特質を「総力戦」と言い表しました。それまでの戦争は戦場で兵隊が戦い、それで雌雄《しゆう》を決する形だったけれども、今は産業社会が後ろについている。産業社会で何をどれだけ生産して供給できるか、次から次へと兵隊を送り出せる体制があるか、そういうものすべてを国力と言うとしたら、国力のすべてをあげて戦争に投入するという、そういう戦争だと総括しました。これからの戦争はすべてそうなるだろう。かつてのように軍事部門だけでは戦争はできず、産業部門、情報部門（情報メディア部門）、そういうものすべてをあげて国民の総力を動員してやる戦争になるのだ、と。

作家のエルンスト・ユンガーも言いました。この人は塹壕戦を生き延びて精神的に鍛えられたと考えた人です。鉄を鋳直すように鍛えられて、へこたれずにそこから先の機械戦の時代を考えていく。ほとんど神話的なビジョンを「これからの人間」というものに投影し、サイボーグとかロボット人間のような鉄の鎧《よろい》で固めた熱い魂が戦いを担うだろう、それこそが機械文明下の「新しい人類」であるというようなことを言います。そうして彼は「総動員」という言葉を次のように言い直しました。

普通は総動員というのは、英語なら「ゼネラル・モビライゼーション」と言います。これは、徴兵制の下で登録されている兵員すべてに、予備役も含めて動員がかかることを指します。けれども、現代の戦争はそうではなく、「トータル・モビライゼーション」であると言った。どういう事かというと、いわゆる兵隊だけではなく、国民すべてが戦争のために働くということです。あらゆる社会活動は戦争のためであって、工場にいても郵便配達をしていても戦争のために戦うことなのだと。国家・国民全体がそのすべての活動を戦争に向けて行うことになる、というのが現代の戦争だと言うのです。

第一次大戦を引き起こした原因は、西洋列強による世界の再分割だったのだけれど、その課題は大戦によっては全く解消されませんでした。そのうえ、敗戦国のドイツに莫《ばく》大《だい》な賠償金を課して、国が立ち直れないほどにしてしまいました。だから結局、約二十年後にもう一度世界戦争が起こることになります。一旦、戦争が世界化すると、次もまた世界戦争になります。

最初の世界戦争は、初めはそんなことになるとは思われていなかった。短期勝負ですむと思われていた。それが、やってみたら世界戦争になってしまい、対抗する一方が完全に潰れるまで終われない戦争になりました。ところが、その原因は解決されず、早くから次の戦争が予測された。けれども今度は、みんな次の戦争は総動員の総力戦だということが分かっていた。だからどの国もその準備に入った。つまり次は分かっていてやった世界戦争でした。それが第二次世界大戦です。

ナポレオンの戦争から第一次世界大戦まで百年の間に戦争はこのように変化しました。付け加えておくと、第一次大戦の経験からシュペングラーは「西洋の没落」を語ったけれども、さすがに文明の開拓者とみなされた科学者たちもこれはどうだろうと考え始めます。アルフレッド・ノーベルは、ニトログリセリンを珪藻土《けいそうど》に混ぜることで運搬と起爆が容易な、画期的破壊兵器を作り出しました。それで大儲《おおもう》けをした。けれども、死ぬ数年前に兄が亡くなった時、新聞が間違えて「死の商人ノーベル死す」とか「悪魔の発明家ノーベル」と書いた。アルフレッドが死んだと勘違いしたようです。それでノーベルはびっくりして、自分はすばらしい発明をしたと思っていたのに、こんな人物として記憶されるのかと恐れ、遺産の一部で基金を作って文明の進歩や世界平和のために貢献する人たちを顕彰しようというのでノーベル賞を作りました。後の核兵器の開発者たちにも通じる、発明家や科学者たちの複雑な思いが垣間見えます。

国際連盟と戦争の罪悪視

第一次大戦の後に初めて国際的な協調機関として国際連盟ができます。当時ヨーロッパは世界の中心だったのに、そこがこんなになってしまった、自由に戦争ができるというウェストファリア体制はもう機能しないのではないかというので、もっと確かな集団的戦争抑止システムを作らなくてはいけないと考えたからです。これはアメリカのウィルソン大統領が提唱しました。アメリカ合衆国自体は十八世紀の終わりに独立していますが、十九世紀初頭に南北アメリカでいくつも独立国ができてくるとき、合衆国は南北アメリカ全体の盟主気取りで、古いヨーロッパは、アメリカ大陸に手を出すなと言いました。「西半球」という言い方をしますが、西半球には南北アメリカ大陸があり、東半球にアジア、アフリカ、ヨーロッパ全部が入ります。アメリカは、西半球は新しい世界だから戦争をするのが普通というヨーロッパとは違って、新しい自由と平和の地だから、古いヨーロッパは手を出すなと言って、逆にアメリカはヨーロッパのことには関わらない、という方針を立てました。それがモンロー主義といわれるものです。当時のモンロー大統領が教書として発表したのです。

ヨーロッパで起こることには関知しないと言っていたのだけれども、第一次大戦の時にウィルソン大統領が、このままだとヨーロッパが本当にひどいことになってしまうというので、戦争の最後の頃には連合国側を助けてドイツを攻撃しました。そして戦後のヨーロッパで平和を維持するための機構として国際連盟を提唱します。それで国際連盟が設立されますが、当のアメリカはモンロー主義の伝統が根強くあったために、議会が批准せず、アメリカは国際連盟に初めは加盟していませんでした。できたばかりでヨーロッパから敵視されていたソ連もです。そのために国際連盟ははじめから足元が揺らいでいました。けれども、そういう多国間機構を作らなければ平和は維持できないという考えは受け入れられて、何とか設立されました。それほどヨーロッパ大戦（第一次大戦）は破滅的だと受け止められていたのです。つまり戦争が忌避されるようになった、戦争はまずいという考えが広まったということです。その国際連盟の委託を受けて、アインシュタインが、どうしたら人類は戦争を避けられるのかということを世界の知識人に問いかけるという試みをしました。

その書簡を受け取った一人がフロイトです。フロイトは、戦争をなくすのは政治家の役割であって、我々心理学者の役割ではない、心理学者にできることは現状で人類がどんな心理状態になっているのかを指摘する程度のことだ、と答えます。その観点からすると、かつての人間は道具も単純だったし、過酷な環境の中でとにかく生き延びようとするための生命力や攻撃性をもっていた。けれども、文明というものを手にして生存がしだいに便利で安楽になり、最近では都合のよい機械なども発達して、歩かなくてもいい、身体的な苦労もしなくていい、清潔なところに住んで、攻撃性も薄くなって、本能的な生殖能力も衰えている。だから、このまま文明が進化していくと、人類はやがて生命体としての活力を失っていくだろう、そうすると、人間は争い合うことを避けるようになり、自然と戦争もなくなってゆくのではないか、というようなことを回答しています。

この回答は皮肉にも受け取られますが、ともかく最初の世界戦争というか、世界戦争の第一幕の後、次に戦争が起こったら破滅だとか、文明の頂点での戦争は最悪だとか考えられ、戦争が破滅と混乱をしか生み出さない災厄だ、という考えが初めて広がったのです。それまでは、戦争をするのは国家の権利だし、戦争で手柄を立てるのは名誉だ、といった考えが一般的でしたが、ここで初めて「戦争は悪だ」と考えられるようになったのです。そして国際政治のレベルでも、不戦条約つまり戦争をしない条約というのが初めて交わされます。一面では諸国家の騙《だま》し合いのようなところもありましたが、ともかくそれは戦争を抑止するための条約です。日本も加わっていました。このように戦争はしてはいけない悪だという考えが世界戦争によって初めて生まれました。それがひとつの転機であったはずです。

戦争は危険だし、国にとっても負担になりますが、それまでは、それ自体が悪だとはみなされていなかったし、戦争で敵を倒すことは、褒められこそすれ人殺しだと非難されることはありませんでした。もちろん、村が焼かれて無くなったとか、多くの犠牲者が出る災いではあったのですが。

第一次大戦の時にそれが人びとの生活だけでなく「文明」まで脅かす惨事として経験されるようになりました。ヨーロッパ、とくに戦場となったドイツやフランスなどでは、身近に死者や負傷者がたくさんいて、戦争はすべてを呑み込む途方もない災厄だ、それは「悪」だということが人びとの意識を揺るがしたのです。

アインシュタインも第一次大戦の時点では当然ながら、戦争に科学技術が動員されるということ、それがますます戦争を激化させるということに気がついていたと思います。だからこそ、どうしたら戦争をやめさせられるかということを同時代の知識人たちに問いかけたのですが、その後に台頭してきた大きな勢力がナチス・ドイツでした。ナチスはユダヤ人殲滅《せんめつ》計画を実施していたので、ユダヤ人だった彼は、ともかくナチスを打倒するためにと、原爆開発をアメリカに提言するようになります。ただし原爆が完成してしまうと、たちまち後悔して核兵器禁止の旗を振るようになるのですが。

ドイツも潜在的には核開発能力がありました。核物理学を推進してきたのは主としてドイツとオランダの科学者だったからです。多くのユダヤ人科学者は亡命しましたが、研究施設やデータは残されていました。ドイツに最後まで残ったハイゼンベルクは核開発には一切協力しませんでしたが、アメリカでは亡命した科学者たちがルーズベルトに手紙を書き、マンハッタン計画が作られて原爆開発が進みました。それが結局ヒロシマ・ナガサキの悲劇を生み、戦争否定の次の段階を画すことになります。

第五章　世界戦争とその顚末《てんまつ》

総力戦とジェノサイド

この本では、個々の戦争がどうだったかということではなく、戦争の性格、在り方がどんなふうに変わってきたかということを扱っています。

だから、第一次大戦、第二次大戦、あるいは日本の関わった個々の戦争がどうだったかということよりも、戦争が「国民戦争」になり、それが「世界戦争」になった、ということの方に注意を向けています。すでに言いましたが、「世界戦争」というのは、戦争がたんに地理的に世界大に広がったということを意味するだけではありません。いわゆる人間世界と言うときと、地理的な世界とでは、同じ「世界」という言葉を使っていても含みが違って、人間世界と言った場合は、人間が生きている生活環境も含んだ「世界」を意味しています。「世界戦争」というのは、地理的に拡大しただけでなく、人間世界が丸ごと戦争に呑《の》み込まれるようになる、そういう意味で「戦争が世界化する」と同時に「世界が戦争化する」ということでもあったのです。

そのことを一番よく表わしているのが、「総動員」とか「総力戦」という言葉です。「総動員」というのは、ふつうは国の可能な要員をすべて戦争に動員することですが、戦場におくられる兵士だけではなく、軍隊に入らない一般人びとの活動も、挙げて戦争のために「動員」されるというふうになりました。そして「総力戦」というのは、そのようにして行われる戦争の在り方を示しています。つまり、ひとつの国の総力を挙げて、人的・物的な資源をすべて戦争遂行のためにつぎ込んでいくということです。

その際、人について言えば、身体や知能だけでなく心までも動員しようとします。つまり教育やメディアによって戦う意識、いわゆる愛国心や敵愾心《てきがいしん》を養い浸透させ、さらには言論統制で批判や異論を締めつける。そうして、皆が戦争を義務だと思い、国のために戦うべきだと考え、そのために犠牲を厭《いと》わず進んで戦争を担うよう感化し、それに反対したり従わなかったりする者たちを排除し抹殺して、国民の一体化が図られます。程度の差はあっても、どこの国でも同じです。そうして精神まで動員して「総力戦」の体制が作られる。その結果、戦争は人びとの生活の深みまで浚《さら》って、「世界」を戦争の内に呑み込むことになるのです。

近代国家の時代になって、まず「国家」の構えができると、その内部を均値化するメディアの広がりに支えられて、「国民」という理念的存在ができました。その理念にあらゆる人びとが取り込まれ、戦争の担い手となって国家の戦争を遂行してゆくことになります。産業化によって物の生産規模が今までとは圧倒的に違ってきました。科学技術の発達で兵器は加速度的に破壊力を増していきます。そして社会の潜在力も増えてゆくから、それらすべてを挙げて戦争をやるとどうなるか。第一次世界大戦は、「やってみて初めて分かった」世界戦争でした。けれども、第二次大戦は初めからそのつもりで行われた世界戦争だったのです。

第二次大戦の最大の悲劇として語られるのは、アウシュビッツに代表される強制収容所でした。ナチス・ドイツの体制下で、まず基本的に国家に不要だとみなされた出来の悪い人間、身体障害者や同性愛者、社会に帰属していないジプシーや、それに根なし草と言われたユダヤ人、そういう人たちが劣等種族として排除され、強制収容されました。そして「最終処分」されます。それは戦争の遂行と一体化した「潜在的な敵」のあらかじめの抹消です。とくにユダヤ人は、アーリア人社会に巣食う有害人種として追放され、この世に不要な存在として組織的に抹殺されます。どのようにしてかというと、「清潔な社会」を作るために有害物質を処分するようにして「文明的」に処理されてゆくのです。原料を遠くから工場に運んで来て、労働者も集めてものを作る、というその産業システムのインフラをすべて使って、合理的かつ効率的に事を処理する形で進められました。それに関わる人間も、生産工程のルーティーン作業で処理するように、淡々とそれに従事します。その結果、二、三年の間に六百万とも言われる人びとが「処理」されました。これは廃棄物処理というより、「死」の生産工場のようでした。すると死体という副産物が生まれて、それが処理されます。そういうことが産業社会の論理とメカニズムに乗せて行われました。動機はまったく別の、自民族優越を際立たせる民族差別のきわみだったのですが、それが産業社会のメカニズムに乗せて淡々と行われたのです。

核兵器の登場

これは近代文明世界の発展の頂点で起こりました。その一方で、科学技術の粋を集めて核兵器が開発されることになります。これまで兵器というのは戦場で敵を殺傷したり、敵の拠点となる陣地や街を破壊したりするためのものでした。ところが核兵器は戦場で使うものではありません。そこにある人も物も街も一挙に破壊し消滅させることのできる兵器です。それまでの爆弾は、化学エネルギーを応用したものでしたが、核爆弾は物理的エネルギーでまったく次元の違う威力を発揮します。核兵器はダイナマイトの一万五千倍の威力をもつと言われ、TNT（トリニトロトルエン）火薬に換算して破壊力を測りますが、最初に作られた広島の原爆が十五キロトンでした。やがてそれは五十メガトンとかの恐るべき規模になります。それも核兵器は科学技術の粋を集めた輝かしい成果と言われました。たしかに「輝かしい」には違いないのでしょうが。

これは、まさに「総動員」される社会の生活基盤を一挙に根こそぎにできる兵器です。「総力戦」がそのような殲滅兵器を開発させたのだと言ってもよいでしょう。とはいえ、逆にそこまで破壊してしまうと実は戦争の意味がなくなってしまいます。あるいは戦争を正当化する論理が成り立たなくなってしまいます。昔から戦争では領土を獲ったり、財産や人を獲ったりしました。だから勝った国は豊かになります。あるいは敵を従属させると自国の影響力は大きくなります。ところが、核兵器を使うと後に何も残らない。だとすると、損得勘定でみても、核兵器は戦争を正当化する根拠をくずしてしまいます。なおかつ、戦争での残虐行為は人間性を否定しますが、核兵器による全面破壊は並の残虐行為を遥《はる》かに超えています。そこにいた人が一瞬で蒸発してしまったり、そのときは生き延びても、体がボロボロ崩れてその果てに死んでしまうというきわめて残酷なもので、そのような破壊装置を人間に対して、その生存世界全体に対して使うということに、人間自身が耐えられなくなります。

実際、広島と長崎で使われた核兵器は、核兵器としてはまだ玩具みたいな小さなものでした。それでも使えなくなる。使うと、使った方が非難を受けざるをえない、そういう兵器なのです。だから、一度使ったら、そのことによってもう使えなくなり、戦争が正当化できなくなります（だからアメリカは、これを使用しなかったら戦争が終わらなかった、戦争を早く終えるのに役立ったのだ、と無理な強弁をせざるをえませんでした）。そのためにこれは最終兵器と言われるようになります。そして事実上、七十年以上たった今でも究極の兵器であり続けています。破壊の論理は極点に達していますから。

核兵器は使えない。もちろん使おうとすれば使えるけれども、誰もあえて使えないような状況になっています。戦争が世界化し、戦争をする各国が総力戦を繰り広げるようになり、その「総力」を丸ごと潰すものとして核兵器が登場した。そういう意味で、ここで人類の戦争は戦争の臨界を画したと言ってもよいでしょう。核兵器の登場で、大国同士はこの後原理的に戦争をすることができなくなりました。技術はすぐに移転しますから、一国が核兵器を持ったら、他の国もそれを開発して所有します。そうして核兵器を持った国同士ではもはや戦争ができません。というのは相方の国が破滅に瀕《ひん》するし、人類の破滅の危険さえ冒すことになります。そういう事態が実際にアメリカとソ連の間で起こり、いわゆる冷戦という状況が生まれます。今までの戦争と同じように国と国とが国力を挙げて対立しているけれども、それは戦争として表出しないという状況がその後の基本構造になっていきます。

戦争の原則禁止と人類に対する罪

第二次大戦後、今度は本格的に主要国がこぞって加わるような形で国際連合ができます。それが戦後の世界の平和維持や紛争防止をやる、つまりは安全保障をやるということになります。その国連憲章は第二条で戦争の原則禁止を謳《うた》っています。自衛以外の戦争はいけないということになっているのです。残念ながら、その「自衛」を抜け道として、したい国はみんな戦争をしますが、基本的に戦争は禁止だという原則が掲げられました。

第一次大戦後に戦争が悪とみなされるようになった、その再確認です。あまりに戦争の規模が大きくなり、兵器の破壊力は増すし、そのうえ組織立った破壊や殺戮《さつりく》がこんなに行われてしまったということで、それが意図的に行われた場合には人間の尊厳や人類の存続さえ脅かす「人類に対する罪」である、として処罰するという仕組みもできます。

ナチス・ドイツを裁いたニュルンベルク裁判では、ユダヤ人迫害や強制収容所での殺害が「人類に対する罪」として断罪されました。それまでは、戦争行為が国際法に違反していたらそれを行った国は何らかの形で制裁を受けましたが、戦争すること自体は国家の権利でしたから、その国のために戦争をした者を裁くという考え方はありませんでした。法制度はひとつの国の中で主権を軸として成り立っているものだから、国家を裁くという制度はありませんでした。また、それぞれの国で罰せられる罪を超えた犯罪というものは規定されていませんでした。けれども、第二次大戦後、「人類に対する罪」というものが国際的な観念として作られました。そして、その罪を犯したということで、国際法廷で責任者が罰せられる。国内法ではなく超国家的法規によって罰せられる、そういう仕組みができたのです。

言い換えれば国を超える裁きの段階というのが初めて作られたということです。実は東京の極東裁判もそれと同じようになるはずでしたが、東京裁判の場合には原爆の問題があったことと、日本の指導部とアメリカ占領軍との取引などがあって、明確なかたちにはなりませんでした。例えば中国で捕虜を使った人体実験を行ったと言われる七三一部隊の問題とか、南京大虐殺とかが問われるはずだったのですが、そうはならず、「人類に対する罪」は問われませんでした。ただ、それが後の火種になります。七三一部隊の実態はどうだったのか、部隊の「研究成果」はどうなったのか、あるいは核兵器は「人類に対する罪」になるのかならないのか、南京大虐殺は、といったふうに。

国家を超えた裁きができるということは、国家主権が絶対的なものではなくなることを意味します。そうなると、国際関係、国際秩序がより大きな意味を持つようになってきます。

ドイツや日本が無条件降伏して連合国の管理下に置かれた（日本の場合は米軍による

単独占領）のは、その後に主権を回復したとしても、その主権が国際秩序の内にしかないことを決定づけています。そういう形で戦後の世界はそれまでと基本構造が変わりました。すべての国がそれぞれ独立した主権国家だという関係から、曲がりなりにも国際秩序を総括して体現する国際連合のような機関ができ、戦争は原則禁止になって、主権が制約され、その国際秩序が重きをなすという、そういう形に変わっていったのです。

戦争の不可能性

制度的には「戦争は原則禁止」、そして価値としては「戦争は悪だ」ということになりますが、それを原理的に言えば「戦争はできなくなった、不可能になった」ということです。もちろんそれは主要国家間、あるいは大国同士の戦争ができなくなったということで、小競り合いや地域的な抗争がなくなったわけではありません。とはいえ、大国同士の戦争は、社会の高度な組織化や、何より兵器の巨大化した破壊力のために、たいへんなリスクを伴うことになります。膨大な死者も出ます。そして戦争全面化の傾向が

「総力戦」に極まると、それに対応する兵器としてついに核兵器が登場しました。

アメリカが一九四五年七月にそれを初めて開発して、ただちに実際に使い、その威力を見せつけると、核の独占は長続きせず、四年後にはソ連が核開発に成功します。そしてそれ以後、資本主義と社会主義という社会体制の違いで対立していたアメリカとソ連は核開発競争を繰り広げます。その時代を「冷戦期」と呼びますが、それは双方が基本的には臨戦態勢で対峙《たいじ》しながら、双方に核兵器があるために攻撃ができない、というすくみ合いが続いていた、つまり火となって燃え上がることはなかったけれど潜在的には戦争だ、という状況だったからです。その頂点が一九六二年のキューバ危機でした。キューバ革命を機に米ソの対立が一触即発の状況にまで嵩《こう》じて、ほぼ一週間、世界中を核戦争の恐怖に陥れました。最終的に核戦争は回避されましたが、それは結局、米ソとも戦争に踏み切れなかったからです。一方が先制攻撃をしたとしても、自分の方も破滅を覚悟しなければなりません。だからできなかったのです。このことは「相互確証破壊」として理論化されました。双方が相手の先制攻撃を受けても確実に同等の攻撃ができるようにしておけば、全面破壊は相互的になり、それが先制攻撃を役立たなくするという理屈です。それが「抑止力理論」あるいは核抑止の原理と考えられるようになりました。ということは核武装を肯定する論理です。核兵器があれば敵の攻撃を抑止できるという考えです。懲りない、というほかありません。人間の存在を根底的に否定するような兵器、そして大惨事を引き起こし夥《おびただ》しい悲劇を生み出す兵器で、人間に対してそれを使うことがいかなる意味でも認められないようなものが、戦争抑止のために積極的に用意されるというのですから。「相互確証破壊（Mutual Assured Destruction）」は英語の頭文字をとると「MAD」となります。この論理を打ち出した人びとは、それが正気の沙汰ではないことに気が付いていたはずですが、それでもこの抑止理論を廃棄するどころか、「マッド」と呼んで哄笑《こうしょう》しながら掲げていたのです。

核兵器は戦争を不可能にしたけれども、それを逆手にとって、不可能にするために競って配備され続けました。核を構えたこの対峙がいわゆる「冷戦」で、この表現は、火がつけられない状態で戦争が起きていた、つまり「できない」という状態で戦争が行われていたことを示しています。米ソは双方の陣営を抱え込んで世界を二分し、この対立は一九九〇年頃まで約四十年間続きます。だからこれを「世界戦争の第三幕」とみなすこともできるでしょう。世界戦争の第一幕が、やってみてそうとわかった世界戦争だったとすると、その第二幕は、そのつもりで行われた世界戦争、そして第三幕は、できないという形で遂行された世界戦争、ということです。

冷戦は世界を二分して、この分断を象徴していたベルリンの壁が一九八九年に崩壊し、翌々年にソ連が崩壊するまで約四十年間続きます。そしてこの大きな構造のもとで、核兵器を使わない、それでも密度や強度を高めた戦争がいろいろな形で起きていました。

植民地独立戦争

冷戦下で、大国間の戦争はありませんでしたが、それでも地域的な戦争はかなりの規模で起こっていました。その多くは西洋諸国の植民地だったところで、米ソ二大国の陣営固めに絡むことになりました。旧植民地の独立は、世界戦争の背後で世界の構造を大きく変えるもうひとつの動きでしたが、それも冷戦構造の束縛を受けたのです。

十九世紀以来の西洋諸国の発展はアジア・アフリカ地域の植民地支配に支えられていました。それを踏み台にすることで西洋諸国（そしてそれにならって国家形成を行った日本も）は産業的に発展します。当時それは「文明の使命」といった論理で正当化されていました。つまり、西洋は粗野で未開の地に文明の光という恵みをもたらす。そのために支配し開発することは「文明の使命」だというわけです。西洋側はこの尊大な支配を恒常化しようとしますが、無理やり「文明の恩恵」を浴びせられた人びとが、一方的で暴力的かつ過酷な植民地支配を不当だと感じ、抵抗するようになるのは理の当然のことです。とりわけ「文明」は自由や権利の意識を含んでいましたから。

二十世紀に入ると各地で自治志向や権利要求が現れてきます。もちろん自由の意識が芽生え高まるという事情がありますが、何といってもその引き金になったのがまた世界戦争です。第一次大戦の時、主な交戦国はヨーロッパで、ヨーロッパが戦場でした。ところが前線にはインド人や黒人がいたりします。戦争の拡大、長期化で兵力が足りなくなり、植民地をもつ国々（とくに英仏）は植民地から住民を兵士として徴用したのです。これが状況を劇的に変えました。というのは、フランスならフランスがセネガルなどの植民地から兵士を徴用するとき、見返りに植民地住民の権利伸張や自治拡大の約束をしたからです。それだけではなく、それまでは支配のために現地住民に武器は持たせませんでしたが、兵士として従軍することで、彼らは武器の使用を覚え、戦う姿勢も方法も身につけます。

第二次大戦の時にはそれがさらに拡大しました。新勢力のアメリカ、ロシア、そして日本が初めから戦争のアクターになって、戦場も地球大に広がりました。そして植民地から多くの兵士が徴用されました。それだけでなく、植民地自体にも戦争が広がりました。日本との関連で言えば、日本軍の南方進駐に伴って、フランス領インドシナやオランダ領インドネシアに戦争が広がります。そこでフランス軍やオランダ軍は現地住民の協力を求めます。その戦いは結局、植民地独立のための戦いに発展してゆきます。しかし、大きな流れを押さえるために、ここではヨーロッパを軸に見ておきましょう。

たとえばフランス（当時はドイツに協力するビシー政権があり、戦後に正統政府になるドゴール将軍の「自由フランス」は亡命政府でした）は、米英軍とイタリア上陸を敢行するとき、植民地のアルジェリアやモロッコから兵力を調達します。そのとき、戦後の自治権拡大が交換条件になりました。しかし、戦争が終わってフランスが復活すると、植民地の利権は大きいですから、宗主国はおいそれとその利権を手放そうとはしません。そこで悶着《もんちゃく》が起こって、植民地の権利拡大要求はしだいに独立運動へと発展してゆきます。それが宗主国の弾圧を生み、運動は非合法化され、地下に潜らざるをえず、駐屯地や要人の襲撃、爆弾攻撃といった闘争になります。それが「テロ」と呼ばれ、この宗主国と独立派武装勢力との戦いはまさに「テロとの戦争」として行われていたのです。つまり現在の「テロとの戦争」の原型はここにあるということです。

そうして一九五〇年代には各地で独立闘争が起こり、西洋の宗主国と、貧しい武装住民との間で厳しい抗争が繰り広げられました。この種の戦争では、一方が非合法の無法集団として扱われますから、容赦のない攻撃が行われ、戦いは凄惨になります。それでも、現地住民の生存をかけた戦いは、宗主国から送られた軍隊を結局は追い出すことになりました。その典型は一九五四年から八年以上続いたアルジェリア戦争でした。宗主国はこのコストに耐えきれず、結局交渉で独立を承認するということになりました。その方が結局うまく利権を維持できるということもありました。そうして、一九六〇年代の前半にはアジア・アフリカに多くの独立国が生まれました。それは世界戦争のひとつの副作用です。ただし、すでにふれたように、アジア・アフリカ諸国が独立したのは冷戦下の世界でした。植民地をもっていたのはいわゆる資本主義国で、アメリカ側の陣営にいた国々です。その宗主国と戦う人たちに武器を供与するのは誰かといえば、それは西側に対抗していたソ連です。ということで、植民地独立闘争は冷戦構造と重なり、戦争を経験した多くの国は社会主義国として独立します。それがアメリカの勢力圏に近いと、独立した国の「共産化」を認めないというので、アメリカの諜報《ちょうほう》機関ＣＩＡが暗躍して、政権が転覆されたり、内乱になったりしました。そういう形で、いくつもの地域がソ連とアメリカとの「代理戦争」の舞台となったのです。

そのもっとも代表的な例がベトナム戦争でした。ベトナムは十九世紀末にフランスの植民地に完全に組み込まれ仏領インドシナの一部となりました。そこでは二十世紀早々から独立運動が起こります。

ベトナムの二十世紀

第一次大戦が終わった時にベルサイユ講和会議が開かれますが、そこで大きな趨勢《すうせい》となったのは、オーストリア・ハンガリー帝国（ハプスブルク帝国）の崩壊に伴う東欧の民族自決でした。これを機に、東ヨーロッパにはいくつもの独立国ができました。ハプスブルク帝国はオーストリアに縮小し、周辺にチェコスロバキア、ハンガリー、ブルガリア、アルバニア、ウクライナなどの民族国家ができます。フランスやイギリスなどはこの趨勢を支持したのですが、会議の終わりごろ、東アジアから来た一人のベトナム人が「安南人民の要求」という請願書を出しました。ヨーロッパでは民族自決ということが高々と謳われて諸国が独立しているが、この原則が文明世界の原理であるとしたら、なぜそれはアジアには適用されないのかと、アジアの民族自決を要求したのです。それがホー・チ・ミンでした。会議はこの請願書を採択しなかったけれども、それは植民地独立運動の狼煙《のろし》になりました。

ホー・チ・ミンは植民地独立を支持するソ連に行き、共産主義を学び、かつ革命の訓練をしてベトナムに戻りますが、思うように行かず、中国とベトナムを行き来しながら独立のための運動を準備します。そうこうするうちに第二次大戦になって、フランスは日本軍にベトナムを明け渡し、ホー・チ・ミンは日本軍と戦うことになります。そして日本が戦争に負けて撤退すると、ようやくベトナム共和国の独立を宣言します。

けれどもその途端にフランスが戻ってきてこれを潰そうとします。それでもホー・チ・ミンはベトミンというゲリラ軍を率いて戦い続け、一九五四年にディエン・ビエンフーで決定的な勝利を得ました。それを指揮したのがフォー・グエン・ザップ将軍です。そこでついにフランスはベトナムから撤退せざるをえなくなりました。ついでに触れておけば、それが五四年の春、そして同年秋からフランスは、地中海対岸のアルジェリアの独立闘争に直面することになります。

　フランスは撤退したけれど、今度は「自由世界の盟主」アメリカが介入します。ホー・チ・ミンがベトナムを抑えると共産主義の国になってソ連圏に入るから、その影響がラオスやタイにも及んでインドシナがみんな敵になるかもしれないと恐れたのです。

　当時その考えはドミノ理論と言われました。そこでアメリカは、インドシナの「共産化」を許さない、「自由」の領域を守る、と主張してベトナムに介入、南ベトナムに傀《かい》儡《らい》政権を作ってホー・チ・ミンを北に追いやり、南と北とを対立させました。しかし、南ベトナムでは政権は腐敗し、北と協力するベトコンというゲリラ組織ができて内戦状態になります。そこでアメリカは六四年に「トンキン湾事件」をでっちあげ（これは後にニューヨーク・タイムズが国防省ペンタゴンの機密報告書を暴露して発覚しました）、それを口実に北ベトナムの空爆を始めます。それからは事実上北ベトナムとアメリカとの本格的な戦争になりました。といっても戦場はずっとベトナムです。アメリカ軍は北爆を続ける一方で、南に一時は五十万を超える兵力を最新装備とともに投入しましたが、それでも制圧できず、六八年の「テト攻勢」で決定的な敗北をこうむります。そしてアメリカ国内ばかりか世界中いたるところで反戦世論が盛り上り、もはや派兵が続けられなくなって、ようやく七三年一月、旧宗主国であるフランスのパリで和平会議がもたれてアメリカ軍の撤退が決定しました。最終的には一九七五年四月にサイゴンが陥落して、最後のアメリカ人も大使館からヘリコプターで脱出し、第七艦隊が待っている太平洋上に逃れる様子が全世界に放映されました。これで南ベトナムが解放されたことになり、翌一九七六年にようやく南北統一が果たされてベトナム社会主義共和国ができます。しかしアメリカとその同盟国は、これが共産国だというので、この満身創痍《まんしんそうい》の貧しい国に対しその後二十年近く経済封鎖を続けました。

ベトナムのこの百年間は、二十世紀世界の裏面を体現していると言っていいでしょう。前半はフランスの植民地支配のもとで苦難を味わい、独立運動が始まってからずっと、最初はフランス軍、ついで日本軍、そして再びフランス軍、最後にアメリカ軍と、侵入する外国軍と戦い続けてきたのです。この対米戦争を世界は「ベトナム戦争」と呼びますが、ベトナム人は当然そんなふうには呼ばないでしょう。「祖国解放戦争」です。アメリカやその同盟国は自分たちがベトナムに派兵して戦ったから「ベトナム戦争」と呼びます。世界のメディアもその呼び名を使い、そのため歴史的にもそれが通称になっています。しかしそれはメディアの一方向性の表われ、つまりいわゆる米欧先進国側の立場からの呼称だということです。「ベトナム戦争」というのはベトナムの独立戦争なのです。ベトナムはそのために何十年も戦い続けなければなりませんでした。

とくに世界の最強国アメリカとの戦いでは、核兵器以外のあらゆる殺傷兵器、大量破壊・殺戮兵器が使われました。ゲリラの潜む森を焼き尽くすナパーム弾、あるいは枯葉剤（その猛毒ダイオキシンのために多くの奇形児が生まれました）、そして二重三重に散弾が飛び散るパイナップル弾。全体では第二次世界大戦で使われた爆弾の総量を上回るとも言われる爆弾が、あの狭い国土に落とされたのです。米軍は五千八百人の死者を出したと言われますが、ベトナム側の死者は百五十万人前後とされ、正確に数えることさえできません。それでも結局、アメリカ軍は撤退せざるをえませんでした。ただし、その傷は国土や人心に深く残されただけでなく、外国勢力を追い出すために闘い続けることで作られてきたこの国は、戦争体制から抜け出ることができず、アメリカを駆逐した後、中国やカンボジアとの間に抗争を引き起こします。そのうえ、長い戦争で国土も人間も疲弊しきっているところにアメリカや西側諸国からの経済封鎖です。しかしそれにも耐えぬいて、一九八八年あたりから開放政策をとり始め、ようやく九〇年代に経済封鎖が解けて国としても安定してきました。それが二十世紀のベトナムの歴史です。

新しい世界秩序、国際連合

冷戦下では、アメリカとソ連がそれぞれ自分の勢力圏を確保しようとして、ソ連はワルシャワ条約機構、アメリカはヨーロッパと組んで北大西洋条約機構（NATO）という軍事同盟を作っていました。ワルシャワ条約機構は、ハンガリー動乱（一九五六年）やチェコの「プラハの春」（一九六八年）を弾圧しました。冷戦後この同盟はなくなりましたが、NATOは存続し、東ヨーロッパにも広がって、今でも軍事的な世界秩序の重石になっています。また、アメリカの場合、伝統的に中南米を影響下に置こうとして、そこに社会主義革命が起きると、必ずＣＩＡを入れて体制を転覆させようと画策しました。それができなかった唯一の例がキューバです。体制選択ということではなく、植民地や民族・地域国家の独立という観点から見た場合、キューバはベトナムと並んで、大国に屈せず独立を勝ち取ったあるいは保持した小国という意味では、二十世紀世界の経験を集約する格別の国でしょう。

冷戦構造は、戦後の世界秩序の枠組みとなった国際連合（国連）の上に重なっていました。ついでに触れておくと、「国際連合」と日本で訳されるのは"United Nations"で、これは実は第二次世界大戦に勝利した連合国のことです。だから、当たり前のことですが、戦後の世界秩序は枢軸国に勝った連合国による集団安全保障体制が出発点になっているということです。日本ではそれをわざわざ訳し分けるため、「連合国」と「国連」との連続性が見えなくなっていますが、これは現代世界の成り立ちを理解する上で、踏まえておかねばならないことです。

その国連の本部はニューヨークに置かれましたが、それは戦後世界におけるアメリカの地位を象徴しています。以前の国際連盟には当初はアメリカも、革命直後のソ連も加わっておらず、それが加わった頃には日本が抜けてしまいました。そのため十分な力を発揮できず、世界戦争の再発を防ぐことができませんでした。その反省の上に立って、国際連合は大国の力を組み込むことを重視しました。加盟各国を主権国家とし対等に遇する一方で、五大国には特別の権限を与えたのです。つまり国連は総会と安全保障理事会の二階建て構造になっていて、総会では一国一票で議決がなされますが、安全保障理事会は、連合国の中軸だった五か国、米英仏ソ連中国で構成され、その主要五か国は常任で、他の国々が非常任理事国を交替で務める、という構成です。安全保障理事会の議決は満場一致が原則で、五か国には拒否権が与えられました。つまり五大国が一致しないと議決が採択できないのです。そうすると現実的に無理な議決はできないことになります。そういう風に大国に特別な権限を与えながら全体の協調を図ろうとしたのです。

加盟国は初めは五十一か国でしたが、サンフランシスコ講和条約以降、敗戦国も迎え

カナダ
アメリカ合衆国
キューバ

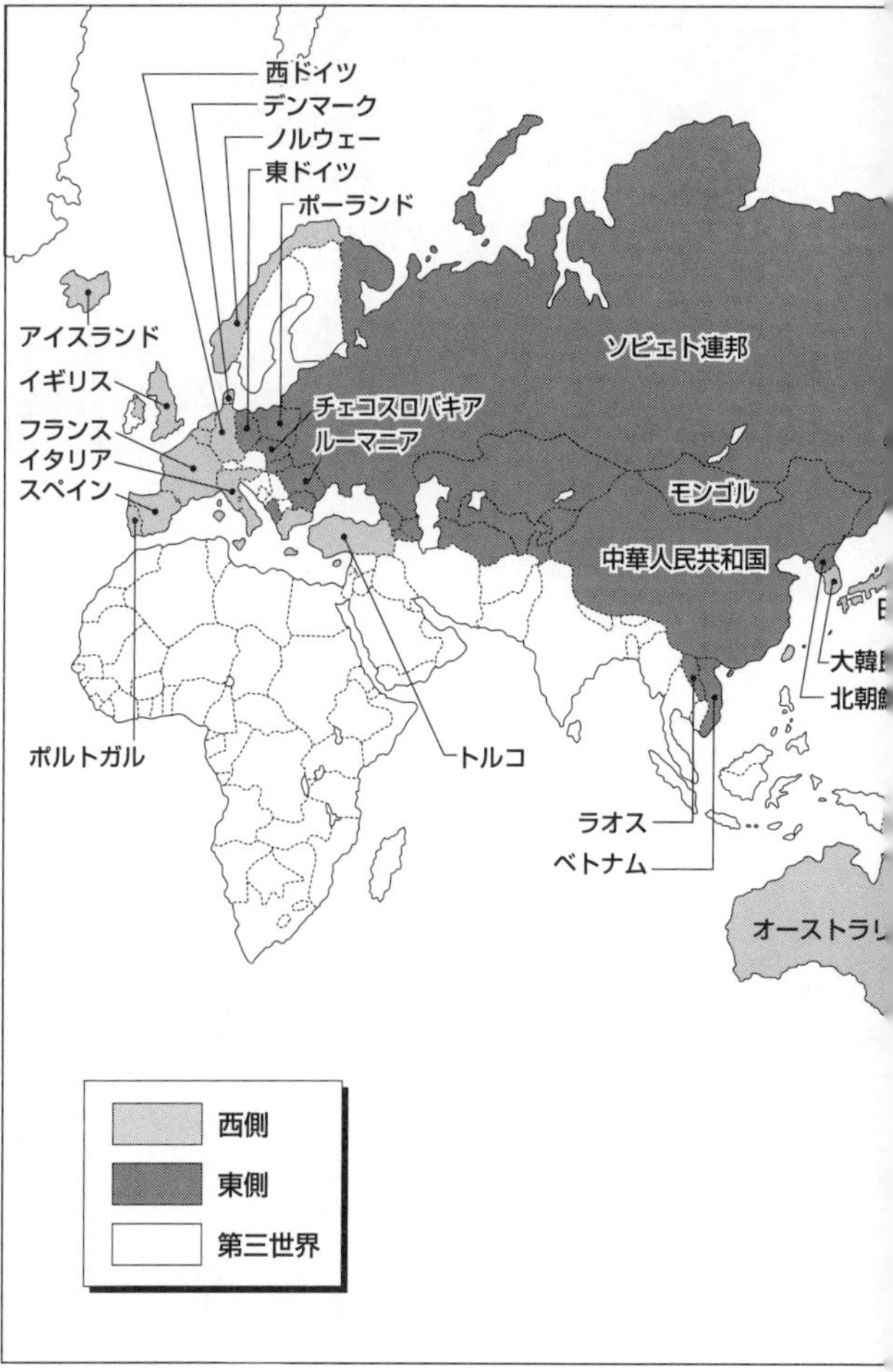

冷戦時代の世界地図

日本は、アジア大陸のわきに位置するが、冷戦後も、あたかもカリフォルニア側に存在するかのような立場をとり続けている。この地図は太平洋を中心にしているが、世界の状況を把握するには、実は大西洋中心の地図を参照するのがいい。現代世界の軍事的重心は、北大西洋条約機構（NATO）にあるからである。

ることにし、日本も国連に加盟します。東京裁判を受け入れて連合国に帰順したので、日本も戦後の世界秩序の中に包摂するということです。ドイツは東西に分裂していたため、最初は未加盟でしたが後には東西ドイツが同時に加盟します。こうして国連は、戦後の世界の国家承認機関のようになりました。国連に加盟できることが事実上世界に認められることだというふうに、国連は一定の権威を持つようになったのです。そして一九六〇年代には特にアフリカに続々と独立国が生れますが、それが皆国連に加盟することになります(七十七頁の地図参照)。そうして六〇年代に百か国ほどだったのが、九〇年代には百六十を超えるようになり、現在は百九十三か国といいますから、当初の四倍近くになっているわけです。

それだけ構成が変わると、国連もやはり質を変えてゆきます。総会ではアメリカも中国も日本もブルキナファソも同じ一票で対等です。そうすると、総会では大国の意向が通るとは限りません。とりわけアメリカの独善的な姿勢は通らなくなります。たとえば、これは繰り返されることですが、総会ではイスラエルのパレスチナ人弾圧に関して非難決議が通ったりします。ところが安全保障理事会では、アメリカはイスラエルを常に擁護して、どんなに制裁決議が提起されても拒否権でそれを潰します。すると総会と安保理事会の姿勢が違ってきます。そういうことがたびたび起こり、とくに二〇〇一年にアメリカが始めた「テロとの戦争」やイラク戦争に関しては、アメリカとアラブ・イスラム諸国やアフリカ諸国との姿勢が対立して、総会はたびたびアメリカの外交戦略の足かせになってきました。そのため一時はアメリカは、国連がアメリカの手足を縛るなら離脱すると言い出します。これはアメリカの世界戦略と国連秩序が齟齬《そご》をきたすようになったという事態です。

初めは戦勝国秩序を代表する機関だったけれども、どの国も国連に加盟するようになると、国連加盟が独立国の承認という意味を持つようになる。地球上にある国は、たとえば太平洋の島がわれわれは独立すると言ったとしても、周りの国が国家として認めなければ独立したことにはなりません。他の国々に承認されて初めて国際関係の中に場をもつことになります。ウェストファリア体制の基本はそうでした。それが第一次大戦以降さまざまな局面で壊れかけていたけれども、国家の相互承認という意味では続いていました。それを国連加盟が表示するようになります。独立国家として認められると国連に議席を与えられるのです。国連はそういう意味で国家間秩序の鏡のような役割を果たしています。

付け加えておけば、大きな変化としては中国の代表権移行がありました。中国の代表は第二次大戦時には蔣介石《しょうかいせき》の国民党政府でしたが、その後の内戦で毛沢東の共産党が大陸の覇権を握り、中華人民共和国ができて、国民党政府は台湾に逃れます。しかし、国連では相変わらずアメリカの支持した国民党政府が中国の代表として常任理事国であり続けました。このねじれが是正されたのは一九七二年で、ベトナム戦争の終わりごろにアメリカが北京の共産党政権を中国を代表する政権と認めたことで、国連の議席も北京政府が持つようになりました。そこで初めて現在の中国が国連に議席を持つようになったのです。これも冷戦下でのことでした。

資本主義、社会主義、そして新たな勢力

次の大きな変化は冷戦の終結です。一九六〇年から東西ベルリンを分断していた壁が崩れたのをきっかけに、社会主義体制を支えていたソ連という連邦国家が一九九一年末に崩壊してしまいました。その変化はソビエト連邦が地図の上から消えてしまうということでドラスティックに示されました。一般的には、ソ連の抑圧体制のなかで民主化のうねりが高まって、社会主義が崩壊したという話にされているけれども、実際のところは冷戦下で行われていた国力競争が原因でしょう。その国力というのは基本的には経済力です。社会の経済効率を上げる競争です。社会主義と自由主義的資本主義はどこが違うかというと、自由主義では個々の人間に自由に欲望を追求させて、生き残れなかったらそれは自己責任だと放置する。そうすると内部での競争が激しくなってみんな人を出し抜いてでも成果を上げるよう一生懸命に働く。それをひとつのシステムとしてみると、中の要素がそろって大騒ぎを演じながら猛然と働くようになっていきます。

ソ連は社会主義国として、最初の二、三十年、警戒され嫌われながら、周囲の国々との軋轢《あつれき》や戦争にもかかわらずなぜ発展できたのか？　そこはもともと貧しいところだったから、資源を効率的に分配し、無駄な生産はせず、効果的なところに資源を集中して計画的に国家建設をやった。そうするために内部の締付けは厳しかったわけです。とくに一人ひとりの職業や住居は固定して、与えられた場でそれぞれ働くようにする。すると当初は成果が目に見えるし、人びとには未来社会を作るというモチベーションもありました。資源の配分も全体で計画的に行われるから、無駄も出にくく、しばらくは全体の効率はすごく高まります。それで発展しました。けれども一定程度発展してくると、人間は決められた枠組みだとか、杓子《しやくし》定規の決まりを押しつけるだけではルーティンに陥ってダメになってきます。それに権力構造を硬直化してゆきます。人間というのは集団だけれども個的な生き物であって、計画だけではいけない。個々の欲望や意志を生かさなければならないのです。

固定されたシステムのファクターでどこにも動けない硬直した状態に置かれると、例えば、食堂のウェイターが、今日はもうカレーを三十杯売ったからノルマは終わり、これ以上働いても自分にはちっとも得にならない……。そうなるともう働きません。だから喫茶店へ行ってもいつまでも注文を取りに来ない。何故だろうと聞いてみると、たぶん今日はノルマ分働いたからだと言われます。工場でも同じ、それ以上働いても状況は変わらないし、生活がよくなるわけでもない。どうせ官僚が特権を抱えて贅沢《ぜいたく》するだけだからと言って、皆怠けるようになります。あるいは、みんながシステムに寄生して、少し地位が上がって何か権利を持つようになるとすると、それを利権にして儲けようとするわけです。

けれども、そんなことは表立っては言えないから、言えることと言えないこととの二重言語の社会になる。そうすると体制そのものが劣化していきます。そんなわけで結局ソ連はもたなくなってしまった。そして社会主義体制が崩壊して、残ったのは自由主義システムだけです。民主化と言いますが、そんなことではなく、単純に社会主義の固定システムが経済効率で自由主義に負けたということです。結局ソ連は体制が崩れて、世界は自由主義的資本主義の市場システムに呑み込まれてしまいます。それが市場の一元化、その波及効果も含めてグローバル化と呼ばれる事態の内実です。

そのように、冷戦構造の中身は経済競争だったと言えますが、もちろんイデオロギーを掲げた軍事的な対立という側面もありました。ここではその方を表にして考えなければなりません。冷戦構造が崩れるわけですから、当然ながら世界の軍事的な構図も崩れます。一時は世界戦争の危機は去ったとも思われましたが、大きな流動化が起こります。ただ、このことはしばらく前から、一九八〇年代の前半からですが、見越されていて、当時イギリスのサッチャー首相は、西側の、つまり西洋諸国の次なる敵はイスラームだと言っていました。つまり、共産主義の次にはイスラム世界が西洋・オクシデントに対立してくると言うのです。

これは、先を読むことであると同時に、西洋の世界統治をそういう方向に進めてゆくという戦略呈示でもありました。なぜサッチャーはそういう事を言ったのか。一九七九年にソ連がアフガニスタンに侵攻して、それがうまくゆかず、ベトナム戦争のように泥沼化して、結局はそれがソ連崩壊の引き金になりました。十年経って撤兵した時は、ソ連崩壊間近でした。そのアフガニスタン侵攻と八六年に起こったチェルノブイリ原発事故がソ連の断末魔になります。そのアフガニスタンでソ連軍に対して戦ったのは、ムジャヒディーンと呼ばれるイスラム反共戦士です。それをアメリカが軍事支援していて、そこから後にアルカイダが出てきます。

その一方で、一九七九年にイランでイスラム革命が起こります。それは西洋世界にとっては大きな衝撃でした。民衆が強権的な政府を民衆の力で倒す、そういう革命はヨーロッパでは文明開化、進歩に向かって、自由と解放を求めて、民主化を求めて、言いかえれば伝統や宗教的迷妄を打破して起こるはずのものでした。ところがイランでは、民衆が親米政権を倒した革命は、ほどなくイスラム化し、イランは宗教国家になってしまったのです。それは西洋には理解しがたいことでした。さらにイランではアメリカ大使館が占拠されて、百人を超える人質が四百四十四日も幽閉されるという事件が起きました。西側にとっては中東地域というのは石油地帯だから、絶対にコントロールしておかないといけないところです。そこにこういう要素が出てきてしまったというのが脅威でした。そのころから、共産主義はそのうち解消されるか、あるいは呑《の》み込める、しかし次にはこういう敵がいる、だから戦争体制をきちんと固めておかないといけない、そういうメッセージがイギリスから出て、西側諸国はそれに従ったわけです。

冷戦の終結そして湾岸戦争へ

実際に冷戦が終わった時、ヨーロッパ諸国、とりわけ分断されていたドイツでは、大きな解放感が漂いました。もし、核戦争が起こるとしたら両ドイツには核兵器が配備されていましたから、必ず最初に攻撃される場所だったのです。冷戦状況は、ドイツやその周辺のヨーロッパ諸国にとって、まかり間違って核のボタンが押されてしまったら、この世の終わりというので戦々恐々の日々でした。だから、まずベルリンの壁が崩れ、ついでソ連が崩壊して冷戦が終わったというのは、天が開けたような解放感をもたらしたでしょう。もう核戦争はない、その恐怖に怯《おび》えることもない、ということですから。

ところがその幸福感の中に、不意にこれまでとは違う別の戦争の靴音が轟《とどろ》いたのです。それがサダム・フセインによるクウェート侵攻でした。

社会主義と資本主義との対立は全体主義と自由民主主義との対立として翻訳され、冷戦の終わりは自由民主主義の最終的勝利を意味するものだと言われました。その当否はともかく、これで戦争を構えてはいけない、暴力的に国境線を変えて国際秩序を乱すことは許されない、というのが基本の了承事項になるかに思えました。しかしその矢先に、ペルシャ湾岸で異変が起こったのです。そこで、冷戦に勝ち残った超大国アメリカが、やっと一元化した世界の秩序維持のために警察官役を果たすといった考えが生まれます。それまでは、対等な国家同士が戦争を構えて対峙する状況だったけれども、一元化した世界では、秩序を乱し決まりを破るのは犯罪者にも等しく、それを取り締まる警察官役を超大国アメリカが果たすというわけです。アメリカはそのつもりでいたようです。しかしイラクとクウェートをめぐる事情から、イラクを一方的に軍事制裁することの結果を危惧《きぐ》する国々の同意が得られず、結局アメリカは国連決議を取りつけられないまま、

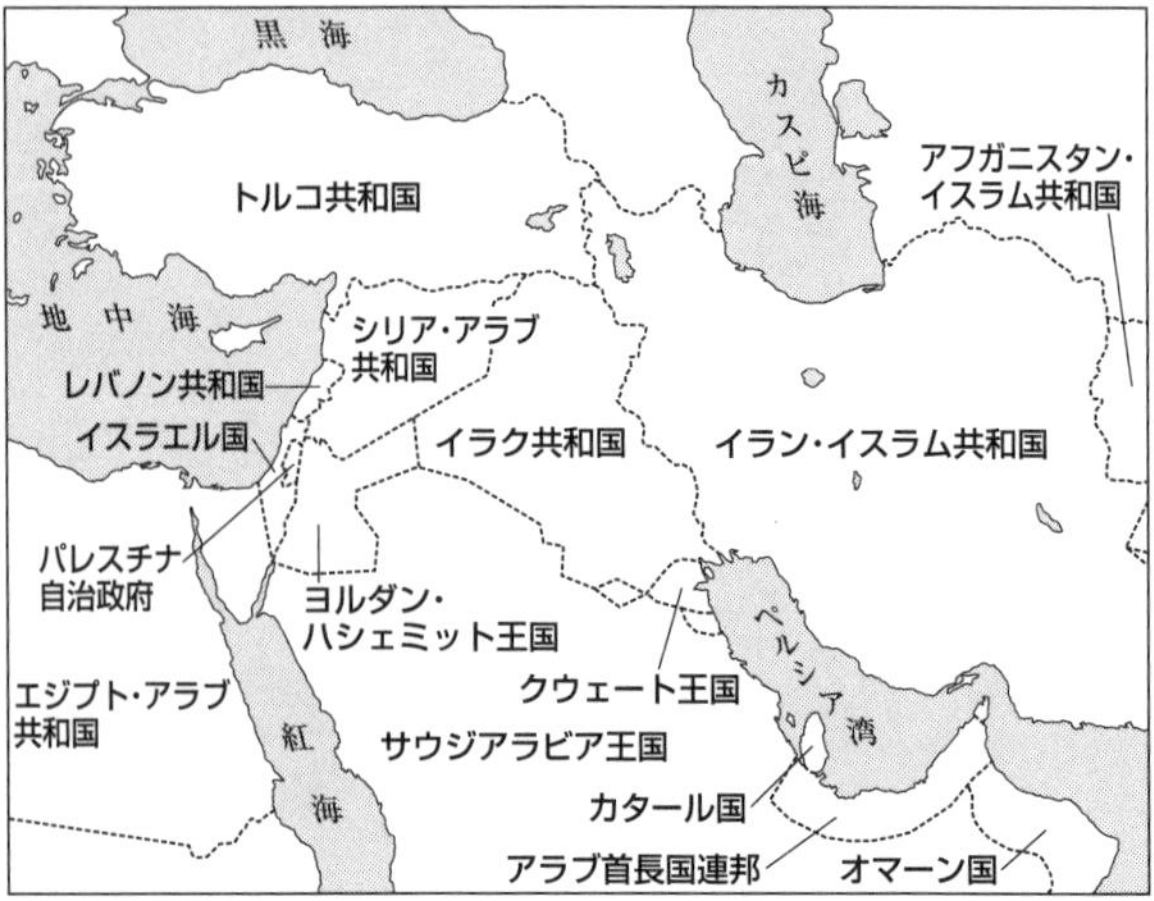

1980年代の中東

三十か国の「同士」を募ってイラク攻撃を行いました。これは、勝手に隣国クウェートを併合しようとしたイラクの横暴に対する国際社会（西側）の懲罰という意味をもっていました。これが一九九一年の湾岸戦争です。

　イラクがなぜクウェートに侵攻しようとしたかということですが、話は少し遡《さかのぼ》ります。先ほど、イラン革命の結果、強固に反米的なイスラーム国家ができたと言いました。このイランの影響が広がるのをアメリカは何とか抑えたかったのですね。そこで、当時は世俗政党バース党を率いていたイラクのサダム・フセインを援助して、宗教国家のイランと戦わせたのです。それでイラクはイランと八年間（一九八〇〜八八）戦争を続けました。その間イラクは半分はアメリカに協力して戦ったのですから、両者が疲弊し戦争を止《や》めたとき、冷戦も終わったこの機に、サダム・フセインはクウェートを併合してペルシャ湾出口を押さえようとしたのです。そのぐらいの褒美はあってもいいだろうと思ったのでしょう。もともとクウェートは英米が西側への石油の安定供給のために人為的に作らせた（一九六一年）と言ってよい国でした。イラクとしては、もとを正せばアッシリア帝国の土地で、併合を要求しても無理はない。それに、イランと戦ってあんなに貢献したのだからアメリカが黙認すると思ったようです。

ところがそれをアメリカは許さず、冷戦後の世界の秩序維持のパターンを試すかのように、イラク征伐に乗り出しました。その時からアメリカがグローバル化した世界の軍事的盟主として、グローバル市場の安定のために軍事力を使っていくという形ができます。ただ、それが今度は、アメリカが冷戦下で反共の尖兵《せんぺい》として支援し活用してきたアラブ・イスラームの武装勢力の離反を引き起こすことになるのです。ソ連のアフガン侵攻のときアメリカは、ソ連軍と戦わせるためサウジアラビアなどから集めたイスラム戦士を反共ゲリラとして育てました。それがすでにふれたムジャヒディーンです。彼らは湾岸戦争時にアメリカ軍がサウジアラビアに基地を置き、その後も駐留したことが許容できず、米軍の撤退を要求しました。それが受け入れられなかったため、今度は異教徒のアメリカ軍をムスリムの地から追い出そうと画策を始めます。その他、第二次大戦後イスラエルを抱えながら中東政策を展開してきたアメリカやイギリスのやり方に無理が出てきて、アラブ・イスラーム地域からアメリカに反抗する勢力が次々と出て来るようになりました。それが各地のアメリカ軍や政府施設を攻撃するようになります。

アラブ諸国はたいてい、エジプトなどが典型ですが、はじめはアラブの自立を掲げて西洋支配に対抗しようとしました。しかしイスラエルとの関係を巡って結局はアメリカに同調し、アメリカの軍事援助を受けて国内を統治するという形をとるようになります。しかし、国内は反イスラエル・親パレスチナの傾向が強く、それを抑えるために軍事独裁体制を敷いたり、サウジアラビアのように初めから王族の独裁で国内を保守的な宗教体制で縛るといった統治が続いていました。けれども民衆の間ではそうではありません。しだいに反米的な気運が強くなり、なぜいつまでも石油は自分たちのものにならないのか、共産主義と戦えと利用するだけ利用して、アラブの自立はどうなるのか、イスラム世界の尊厳は、と言って反抗するようになります。

そういう勢力が、軍事政権の弾圧や王族支配に押し出されてしだいに国際化し、のちに「テロリスト集団」と呼ばれる組織を作って、国境を越え、国家的な秩序とも違う空間に広がってゆきます。それが大体二〇〇〇年代に入る前の状況です。

ベトナム戦争の教訓

湾岸戦争はアメリカにとっては久しぶりの本格戦争でした。というのも、ベトナム戦争敗北の打撃があまりに大きく、アメリカはしばらく戦争ができなくなっていたからです。ベトナム戦争の教訓は、相手がどんなに小さくても、遠隔の地に何十万の軍隊を送り込んで物量だけで戦争に勝つことはできない、義のない戦争は勝てない、というものです。ところが、アメリカ軍の「反省」はまったく別のものでした。戦場にジャーナリストを入れたため、戦場の悲惨さや残酷さ、そして軍の不正までが報道されてしまい、それがために世界的に反戦世論が盛り上がって米軍の行動を妨げた、これが第一の失敗だったというものです。そして第二の失敗は、慣れない敵地でのゲリラ戦で米軍の犠牲者が増えたために、国内に厭戦《えんせん》・反戦気運が蔓延《まんえん》してしまった。この二つが大きな敗因だったという総括です。そして米軍は、この問題を解決するのに二十年近くかかったわけです。

その結果、米軍は二つの「改革」を行いました。ひとつは、ジャーナリストを軍のコントロール下に置いて自由な報道をさせない、つまり情報の徹底管理体制をとる。とくに敵を破壊する時の「すばらしさ」は見せても残虐さは見せない。だから現地にジャーナリストを入らせない。そして血を見せない「清潔な」戦争を演出する。もうひとつは、ゲリラ戦でも味方に極力被害を出さない方法を作り出す。つまり、自国の兵士を危険に晒《さら》さずにいかに敵を殲滅《せんめつ》するか。それには戦争のＩＴ化が大きく貢献しました。ＩＴ技術を駆使し、飛び道具の精度を高める。レーザー光線で標的を照らしてミサイルを誘導するとか、無人機を使う。戦争の仕方を大きく変えるこの技術革新はミリタリー・レボリューション（ＭＲ）と呼ばれています。この二つができるようになって、アメリカは再び戦争をすることができるようになりました。そして実際、湾岸戦争ではこれに完全に成功したのです

爆撃で危険だからと現地に記者を入らせず、入ったら何かあっても自己責任だと脅し、実際に砲撃したり、あるいは、「人間の盾」になって敵を利するからといって排除する。そして戦場の取材をするならここに乗れと、戦闘機や装甲車に乗せて攻撃に同行させ、一緒に戦うという意識に巻き込む。メディアはそれでコントロールできるということです。

第六章　冷戦後の世界から九・一一に至るまで

二〇〇〇年に就任したアメリカのブッシュ大統領は初めは評判があまり芳しくなかった。大統領選で争ったゴア候補とは得票数が拮抗《きっこう》して、弟のジェフ・ブッシュが知事をつとめるフロリダ州で逆転してやっと当選したけれども、本当はどちらが勝ったのか疑わしい。最終結果が出るまでに一か月かかったほどで、大統領の正統性が危うかったために、本格的な政策を打ち出しにくかった、そうみられていました。

けれども、翌二〇〇一年の九月一一日に、アメリカ史上最大級と言ってよい衝撃的な出来事が起こりました。四機の旅客機が乗っ取られて、二機はニューヨークのワールド・トレード・センター（WTC）に突っ込みました。そしてもう一機がペンタゴン（国防総省本庁舎）に突っ込み、もう一機はワシントンに行くはずだったようですがペンシルベニアの森の中に墜落しました。WTCのツインタワーに二機目の旅客機が突っ込む光景は、一機目の衝突で現場に集ったテレビカメラに捉えられ、巨大なビルが崩落する光景とともに全世界に中継されて衝撃を与えました。

ところが、アメリカ政府は事件の全容をまともに究明するよりも戦争を始めることに急でした。事件直後に乗っ取り犯二十名のリストが発表されましたが、その中の何人かは全くの人違いで、サウジアラビアに実在するというケースもあり、そのリストはかなり不正確だと分かりました。けれどもアメリカ政府はそれを一切訂正していません。ツインタワービルがあまりに見事に教科書通りの壊れ方をしたことや、ただちに首謀者と名指されたオサマ・ビンラディンの一族とブッシュ家の関係や、石油利権を巡る様々な事情、それにイスラエルの影などがいろいろ取り沙汰されましたが、真相は闇の中です。

けれども、これではっきりと図式ができました。一九九〇年代後半から反米活動を始めていたイスラム過激派集団が、とうとうアメリカ合衆国の中枢に攻撃をしかけたと。じつは九八年にも、ケニアやタンザニアのアメリカ大使館が爆破される事件が起きていたし、その前の九五年にアメリカで起こっていたオクラホマシティの連邦政府ビル爆破事件も、イスラム過激派と関係づけられるほど脅威の意識は浸透していました。

この衝撃的な出来事を受けて、それまで影の薄かったブッシュ大統領はテレビに登場し、直ちに「これは戦争行為だ」と宣言しました。つまり、アメリカはこれを戦争行為とみなし、「見えない卑劣な敵」に対して軍事行動を起こす、ということです。このときからアメリカのメディアはこぞって、「アメリカの新しい戦争」とか「二十一世紀の戦争」を語るようになり、ＡＢＣやＣＮＮのテレビ画面上には「アメリカン・ニュー・ウォー」の表示が掲げられました。

これはどういうことでしょう。オクラホマシティの連邦政府ビル爆破は「事件」として処理されました。ということは国内法で裁かれる違法行為で、それはＦＢＩ（連邦捜査局）の管轄です。もともと「テロリスト」というのは犯罪学の概念で――じつはフランス革命以来の前歴がありますが――、犯罪ならば通常は警察が事に当たります。ところが九・一一の事件は、実行犯はみな死んでいますが、計画や指示が外国から出ているし、行為の規模が戦争に匹敵する。それにアメリカ国家が標的とされており、これに対しては軍事行動が必要だ、というのです。

直接の犯人はみな死んでいますが、類例のない惨禍を引き起こしたこの事件の衝撃は大きく、そのショックは「アメリカが襲われた」ことに対する恐怖と報復感情に転じました。「見えない敵」がいる。アメリカの「敵」だ。その「敵」に対してアメリカ国家は「戦争」で、すなわち国家の軍事行動で対応するということです。それが「テロとの戦争」だというのです。

「テロ」という用語

ついでにふれておくと、「テロ」という言葉は日本語独得の表現です。海外では「テロリスト・アタック」とか、「無差別侵害」とか言います。もちろん「テロリズム」という語はありますが、日本のように「テロ」と短縮したりはしません。これは短くて言いやすいには違いないでしょうが、近代日本語の略語のひとつのタイプです。戦前には「エロ・グロ・ナンセンス」という言い方がありましたが、これと同じです。エロティックは「エロ」と短縮されて蔑称的なニュアンスが伴います。グロテスクを「グロ」というのも同じで、短縮がそのまま侮蔑と誇張の効果を生みます。「テロリズム」を「テロ」と言い換えるのもそれと同じです。そうすると、さまざまな行為が単純に類型化され、「テロ」と呼べばそれについて何も考える必要がなくなり、ただ侮蔑して否定すればよいという、いわば反省排除の作用がこの語にはあります。ただでさえ「テロリズム」という用語はそのような傾向をもちますが、日本語の「テロ」という言葉は、その傾向をさらに無反省に助長するようです。それに「エロ」とか「グロ」という語は、そう言ってよければ「はしたない」表現なので放送用語などには使われませんが、どういうわけか「テロ」という言葉だけはまかり通ってしまいました。学者でさえ、平気でこの表現を使います。

それに当たる言葉は海外ではありません。実際ニューヨークのあの事件は、「カミカゼ」とか「スイサイド・アタック（自殺攻撃）」とか言われて、「テロリズム」とは規定されても、「テロ」などとは呼ばれません。ついでに言うなら、犯人が爆弾を抱えて攻撃してくる、自爆して攻撃するというのは、戦争史上日本の専売特許でしたから、日本語表現をそのまま借用して「カミカゼ」と言うわけです。それは通例になっていて、最近（二〇一五〜一六年）のパリやブリュッセルで起こった「テロ事件」でも、自爆行為はたいてい「カミカゼ」と呼ばれます。「カミカゼ」は日本軍が採用した常軌を逸した戦術ですが、それが今ではイスラム過激組織やＩＳ（イスラーム国）の常套《じょうとう》戦術になっているのです。そのことを踏まえないと、日本は歴史と国際関係の認識を誤ることになりますが、日本の政府やメディアはなんとしてもそのことから目をそむけようとしているようです。

九・一一は二重の意味で日本に結び付けられました。ひとつは「アメリカが不意打ちにあった」ということで「パールハーバー（真珠湾）」が想起され、もう一つは自爆攻撃だということでアメリカ人たちに「カミカゼ」の悪夢を蘇《よみがえ》らせたのです。

それだけではありません。あのツインタワービルが二棟とも崩落してしまって、後に巨大な廃墟《はいきょ》ができました。それは無に帰した地ということで「グラウンド・ゼロ」と呼ばれました。けれども、じつはその名は第二次大戦中に初めて行われた原爆実験の跡地の「空白」を表現したもので、ヒロシマとナガサキの廃墟に対しても使われました。ただしそのことはアメリカ人の記憶にはなかったようです。憶えていたなら、アメリカ人に甚大なショックを与えたこのような惨禍を、アメリカはかつて世界のいたるところで作り出してきたのだということに思い至ってしまうでしょう。それでは戦争に向かう国民意識は形成できません。自分たちが犠牲者だと思えるとき、その国民は戦争することを「正義」だと思い込むことができます。このとき多くのアメリカ人は、不意の悪夢のような手段でアメリカが攻撃され、グラウンド・ゼロの惨禍がもたらされたという事実に茫然《ぼうぜん》自失し、その悲しみを怒りに転化して、「テロとの戦争」という呵責《かしゃく》なき戦争に乗り出す政府を熱く支持したのです。そして、そこにこめられた「悪に対する憎悪」には、第二次大戦時の対日戦の遠い記憶が重なっていたということです。

　これは表現の問題とそれにともなう意識の問題で、ふつうはほとんど素通りされますが、何をどう言い表すのかというのは、最初に出来事を意味づけ、人びとの理解に方向

文 Fubako 箱

[領収書]
手紙舎 文箱
長野県松本市浅間温泉1-30-6
TEL:0263-87-2716

2022/07/17 15:23:39
レジ:0001　　担当:0003
取引No:000120220717152247381

foodイートイン

キーマカレー			
	¥1,200	1点	¥1,200
書籍税込（古書）			
	¥700	1点	¥700
小計		2点	¥1,900

合計	**¥1,900**
(内消費税等	¥172)
(10%標準対象	¥1,900)
(内消費税等	¥172)
現金	¥10,000
お預り	**¥10,000**
お釣り	**¥8,100**

上記正に領収いたしました

づけを与える決定的な行為なのです。そして実際に、この事件に際してアメリカ政府は「これは戦争だ」とわざわざ言ったのですが、それによってアメリカは国家としてこの「テロリストたち」と対峙《たいじ》するということを表明したわけです。

テロリストとの「戦争」

戦争というのは何度も言ってきたように、国家間の武力衝突でした。武装集団がいたとしたら、それは取り締まりの対象ではあっても、国家が軍事行動をする戦争の相手とはみなされませんでした。それにもかかわらず、「これは戦争だ!」と断定することは、この種の事件を国家に対する攻撃とみなして国家が「応戦」する、という宣言になります。不意打ちだから宣戦布告はなく、この攻撃ですでに戦争は始まっていることになる。そして相手は「言語道断の卑劣な攻撃をしてきたテロリスト集団」です。けれども、この集団には国家のような領土がありません。だから集団そのものがこの「戦争」では攻撃の対象になります。そしてその集団はどこかの国にいる。となると、アメリカはその国を攻撃することになる。するとその国にとっては、攻撃は主権侵害です。この場合、武装集団が「敵」なのか、彼らが潜伏する国が「敵」なのか？　これまでの観念からすれば、戦争は国家間行為です。しかし、この場合は「敵」が非国家的集団です。だとすると、戦争はもはや国際法的行為ではなくなります。つまり、この行為は国際法の埒外《らちがい》にあることになる。あるいは、国家間関係を前提とした国際法秩序は失効したことになる。要するに、「テロとの戦争」は従来の国際法では扱えません。言い換えればそれは国際法の「例外状態」なのです。そしてアメリカはその「例外状態」を宣言したということです。

法学者のカール・シュミットは、主権者とは「例外状態について決定をくだす者」だとしましたが、それにしたがえば、アメリカ政府はこのとき、世界の主権者であることを宣言したと言ってもよいでしょう。そして全世界の国々に対して、「われわれの側につくか、テロリストにつくか、二つに一つだ」と選択を迫ったのです。アメリカが宣言したこの「例外状態」を受け入れるかどうか、ということです。それを世界の主要国が受け入れ、アメリカのアフガニスタン攻撃に協力したときから、「テロとの戦争」というレジームが世界に敷かれることになりました。

具体的には、事件の首謀者と名指しされたオサマ・ビンラディンと彼が率いる武装集団（アルカイダと呼ばれた）を成敗するため、アメリカはイギリス他の「有志連合軍」を組んで、引き渡しを拒んだタリバン支配下のアフガニスタンを攻撃しました。アフガニスタンは当時、一九八〇年代のソ連侵攻以来戦乱が続き、ソ連軍撤退後は諸部族が割拠して内戦状態に陥っていました。その混乱した国をほぼ掌握していたのが、パキスタン国境を拠点に勢力拡大してきたイスラム原理主義組織タリバンでした。アメリカはタリバン統治を認めないため、当時は「タリバンが実効支配するアフガニスタン」という言い方をしていました。そんな政情で、国土は荒れ、すでに多くの難民が出ていたアフガニスタンに、「テロリスト」を掃討するための爆撃が行われたのです。

今までの戦争概念だとこれは粗暴な主権侵害です。勝手に他の国を爆撃するのですから。それでもアメリカは、アフガニスタンのタリバン政権を「テロリストを保護する敵」とみなして、タリバンもろともアルカイダを潰そうとしました。そのときから、「テロリスト」撲滅を口実に他国を攻撃することが正当化されるようになりました。

当時のアメリカ国防長官だったラムズフェルドは、「ウェストファリア体制はもう古い」と言いました。主権国家同士が相互承認することで成り立ち、相互に主権を尊重するという国家間秩序は、グローバル化した世界ではもう通用しない、いまでは非国家的アクターが出現して国家を脅かす。だから国家間でなくても戦争は起こるし、テロリストを保護する国家は退場しなくてはいけない、ということです。

実際にアメリカはアフガニスタンに大規模な空爆を行いました。ところが三日間爆撃しても敵からは何の応答もない。なぜなら「テロリストたち」は一機の戦闘機も持っていないし、ミサイルも持っていないから反撃ができないのです。双方にはそれぐらいの軍事力や装備の差がありました。そして地上では、前にも言ったようにアメリカは自軍に犠牲を出したくありませんから、タリバン政権と対立して追われていた勢力に武器供与し、爆撃で支援して戦わせ、タリバンを首都カブールから追い出します。現地の勢力を分断してお互いに戦わせ、自分たちがヘゲモニーをとるというのは、西洋諸国が植民地支配の時に必ずやってきた方法です。

アフガニスタンの「民主化」

そしてアフガニスタンが統治のない空白状態になると、アメリカをはじめとする「国際社会」は、なんと西ドイツのボンで国際会議を開いて、アフガニスタンにどういう政権を作るかということを話し合いました。その時に暫定首班として、つまり新政権を作る選挙までの代表として選ばれたのがハミド・カルザイという人です。彼は、たしかにアフガニスタンでは大部族のパシュトゥーン族出身ですが、アメリカの石油会社の顧問をしていて、アフガニスタン攻撃の最後の方でアメリカが少数の手勢をつけて現地に送り込んだと言われています。ボンの国際会議は、どんな現地勢力よりもこのカルザイを、暫定政府首班として選んだのです。そうしてアフガニスタンという国はアメリカの意向に合うように改造されました。それで九・一一の首謀者とされたオサマ・ビンラディンとその仲間は潰せたかというと潰せていません。けれどもともかく、イスラム原理主義化が恐れられていたアフガニスタンには、コントロールのきく暫定政権が作られました。

しかし、それで社会が安定して人びとがまともに暮らせるようになったかというと、まったくそうではありません。ビンラディンは逃亡したままだし、所在もわからない。そしてアメリカやEU諸国による軍事制圧に反抗する勢力は後を絶たない。カルザイを首班にした臨時政府は一定期間をおいて「民主的」な選挙をやることになっていた。その選挙でアフガン人が自分たちの意志で代表を選ぶ、それが「民主化」だというのですが、アフガニスタンは元々部族社会で、そのうえ外部からの介入による内戦が何十年も続き、難民も多くて西洋式の代議制が機能する条件が整っていない。だから選挙というのは、アメリカの意向を汲《く》む政権と統治体制に正統性をもたせるための国際社会向けの手続きでしかない。そして基礎条件がないところで機械的に選挙をやれば、アメリカの支配下で不意に第一人者となっていつもその名が出るハミド・カルザイがほぼ自動的に当選します。彼が一番の有名人ですから。それでも、これがアフガニスタンの正統政府ということになります。しかしこれはアメリカの求める「民主化」ではあっても、アフガニスタンの人びとの意志を汲《く》むという意味ではまったく民主主義とは言えないでしょう。案の定、あらゆるアメリカのキャンペーンにもかかわらず、この政府は十分に機能せず、上手くいかないということはその後明らかになります。

そんなふうにして現地の基盤もなく外からあてがわれたカルザイ政権が、それまで割拠し勢力争いをしていた諸部族を統制できるはずがありません。だからアメリカや平和維持軍として加わっていたEUの軍事力に頼らざるをえませんが、空爆に頼るゲリラ掃討作戦では、ずさんな誤爆や誤った襲撃で多くの民間人が犠牲になり、派遣軍に対する住民の反感は増してゆきます。それがまた武装勢力を利することになり、圧倒的な軍事力の差があるにもかかわらず、部族勢力や掃討されたはずのタリバンが息を吹き返して、カルザイも米軍のやり方に文句を言わざるをえなくなるほどでした。反米闘争はそのまま反政府攻撃になるだけでなく、勝手な誤爆や誤襲撃が目に余ったからです。

そのとき、現代的な軍事装備をもたないゲリラ（諸部族やタリバン、その他アラブ諸国からの流入武装勢力など）の側のもっとも効果的な戦術は、腹に爆弾を巻いて突っ込む自爆攻撃です。そういう自爆攻撃をする者を米欧は一律に「テロリスト」と呼んで、その掃討をまた「テロとの戦争」だとします。そして「テロリスト狩り」は問答無用ですから、アフガニスタンの国中が混乱と殺戮《さつりく》の場になって、多くの住民は住む場所を失い、恒常的になった難民キャンプはあふれ、仕方なく都市の周辺に集まるようになります。首都のカブールには、アメリカやEUの諸機関もあって、そこは防禦《ぼうぎょ》のために要塞のようになっています。けれどもその外では、見放された人びとが吹き溜《だ》まり、国中が荒れていきます。長引く戦乱もあって、生業が成り立ちにくく、資金も必要ですからアヘンの栽培が広がり、これがまた汚職を助長するといったこともあって、国の復興はたいへんです。その事情はアフガン爆撃から十五年が経ち、カルザイも退場した今も基本的には変わっていないようです。

二〇〇九年にアメリカの政権が変って、長引く「テロとの戦争」を終えたかったオバマ大統領は、九・一一の十周年を前に、パキスタンに潜伏していたオサマ・ビンラディンを殺害し、アフガニスタンからの米軍撤退を決めましたが、タリバンが復興してせっかく作った現政権を倒してしまいそうな勢いなので戦争は続けざるをえず、兵士の代わりに遠隔操縦のドローン（無人爆撃機）を使って空爆を続けています。ときに「テロリスト」の幹部に命中し「成果」を挙げたりしますが、それでも誤爆は多いし、ドローンが飛び交う地域ではまともに生活できません。

その一方で、アメリカ本土の基地からゲーム機を操るようにアジアの遠隔地を爆撃する軍の職員は、自分の日常生活からあまりに離れた、現実感のない破壊と殺戮の作戦に、心を病むようになるのだそうです。もちろん、現地の戦闘を経験した兵士の間ではPTSD（心的外傷後ストレス障害）に苦しむケースも多いと言われます。ただし、そうして最新装備で攻撃する側の兵士が患う戦争疾患はケアされますが、その攻撃が日常生活の場を壊し、そんな場所で生きなければならない現地住民たちは、どんなに爆撃の音に苛《さいな》まれ、不意にあたりかまわず肉片が飛び散るのを目の当たりにし、ときには自分の手足が吹き飛ぶことがあっても、まともな治療も受けられないでしょう。ましてや、そんなところで育つほかない子供たちは、どんなケアからも見放されているでしょう。それもこの「テロとの戦争」という規定が正当化する見えない「非対称性」なのです。

非対称的戦争と国家の暴力

「テロとの戦争」の原理的な点に戻りましょう。これは論理的に考えると大変おかしな話になります。国家間戦争の場合は、当事者が国家同士で対等ですから関係は対称的だと言います。ところが「テロとの戦争」では、国家が国家ではない集団を相手にするというわけですから、関係は非対称です。だからアメリカの政治学者はこれを「非対称的戦争」と呼ぶのです。アメリカの政治学者だけではありません。今では世界の知識生産の中心がアメリカで、そこで作られた知識が英語をいわば標準語として世界に広がりますから、アメリカで出てきた考えが、学会やメディアを通じて世界に広められ、結果としてアメリカ的な観点が世界の「標準」として受け入れられることになります。科学の動向はおおむねそうなっているし、とりわけ記述的・分析的な政治学などでは、アメリカの国家政治の解説やそれを正当化する言説が、そのまま専門的記述として標準になってゆきます。アメリカ政府が「テロとの戦争」と言えば、それを鵜呑《うの》みにして「テロとの戦争」とは何かを解説し、それはグローバル化に伴う世界の変容によって生まれた「非対称的戦争」なのだ、とか解説するのが政治学や国際関係学だということになっています。そういう領域の学者たちが専門家としてメディアの解説に登場するわけです。だから、そこで実際何が起こっているのか、グローバル化した世界で最強になった国家が、言語戦略をも駆使してどのような形で世界統治を貫こうとしているのか、そこにどんな問題があるのか、といった問題は見過ごされてしまいます。世界中の学者やメディアはたいていそれに追従しますから、結局はみんなアメリカ政府が供給した枠組みに従ってしかものを考えない、語らないということになります。

「テロとの戦争」という表現はそういう認識枠組みの典型です。国際秩序を無視する「テロリズム」に対して「戦争」で対応するというのはじつは異常なことです。戦争とは敵味方があり、双方が武力で相手の屈服を目指し、どちらにもその権利があるという「対称的」な事態のはずですが、「テロリスト」というのは国家に対抗する権利のない集団で、それに対して国家が「戦争」を発動するという事態は、「戦争」の概念を変えてしまうだけでなく、「国家」のあり方をも変えてしまいます。少なくともこのときから「戦争」は、国家間抗争ではなく、国家が「非常事態」だからということで「敵」を名指しして軍事行動を起こす、そういう事態だということになります。

ウェストファリア体制以来の国家間戦争の場合には、対等な国家同士の戦争なので、相手を認め合うことから生じる基本的なルールがありました。不意打ちはしない、つまり宣戦布告をして戦争状態を明示するとか、適当なところで手を打って講和するとか、捕虜虐待をしないとか、非戦闘員を攻撃したり殺戮《さつりく》したりしないとかいったことで、それが戦時の国際法になっていました。だから戦争と平和には明確な区切りがあることになります。けれども、「テロリスト」というのは国家でないだけでなく、初めから犯罪者だと規定され、捜査とか逮捕や裁判を省略して、ともかく殲滅《せんめつ》しなくてはならない対象だとされます。そのための「戦争」だというわけです。そうなるとルールなしで、戦争を発動した国家は殲滅のために何でもできることになります。「敵」は初めから「無法者」だとみなされ、そのうえどこにいるかわからない、だいたいどんな連中かもわからない、そういう「敵」を問答無用で叩《たた》き潰すために国家の軍事力が動員されるわけです。そして空爆だけでなく、誘拐、拷問、即決処刑その他のあらゆる手段が、国家の「正義」の執行として正当化されます。

これまでは戦争は、国家が国民を動員して犠牲を強いるわけですから、それを納得させる理由が必要でした。ある程度国民の同意をとりつける必要があり、それなりの「正義」を立てなければ戦争はしにくかったのです。けれども「テロリスト」が相手だとなると、ジャスティフィケーションは予《あらかじ》めあることになります。敵は許しがたい犯罪者で、そんな者たちを地球上に存在させてはいけない、それを攻撃することは予め正義なのだ、となります。裏返せば、抹消したいものを「テロリスト」と名付ければ、国家の最大の威力の行使である戦争を正当化できるということです。そして、敵はエイリアンのようなもので普通の人間ではないから、どんな人権を認める必要もない、そのことに異論を唱える者たちは犯罪者の味方だ、といった乱暴な論理が振りかざされて、「戦争」そのものが犯罪に対する正義の執行だとされてしまいます。

これまで国家は、内部の暴力を独占して、国家だけが暴力を使う事が可能でした。それ以外の暴力行使は犯罪として取り締まられます。だから、国家は暴力を正当化された戦争において使ってきたし、国内に関しても秩序を守るために一定の暴力を用いる、そんなふうにして暴力を独占してきました。

しかし、そうであるがために、秩序を維持したり、国外からの侵害に対して防衛したりすることが、正当に行われなければならないというのが国家に対する束縛でもありました。暴力を独占しているがゆえにその行使に関してはさまざまな制約があって、国家は不正であってはいけないわけです。不法な無制限な暴力の行使はあってはならないし、むやみに人を殺してもいけない、そういった制約がありました。ところが、「テロリスト」相手ということでその制約は取り払われてしまったのです。これが「テロとの戦争」の目立たない特徴です。

「テロとの戦争」の成果

そうするとどうなるか？　戦争になると必ず戦果発表があります。以前なら「シンガポール陥落」とか、最近なら「バグダッド制圧」とか言うのですが、「テロとの戦争」では、たとえばどこどこの作戦で「テロリスト何人殺害」といった発表をします。つまりこの戦争では、人間の純然たる「殺害」が「成果」とみなされているのです。それは今日まで続いていて、たとえば二〇一五年の初頭には、アメリカ軍がＩＳ（イスラーム国）の空爆を始めて数か月で「六千人以上の戦闘員を殺害した」という発表がありました。要するに、この戦争は、もはや戦争の目的が純然たる人殺しであることを隠さなくなっているのです。

「テロリスト」だから仕方がない、という人がいるかもしれません。けれども「誰がテロリストか分からない」ともよく言われます。殺してしまってから、これはテロリストだったから、と言うこともできます。後で「誤爆」と片付けられることもしばしばあります。別の言い方をすれば、この「戦争」は、「殺しても罰せられない人間」あるいは「罰せられずに殺すことのできる人間」というとんでもない新しい人間のカテゴリーを作り出したのです。そういってよければ、人類は長い間の努力と格闘を経て、誰もが生きる権利をもつ、という「人権」の観念を作り上げてきました。もちろん、それを無視する犯罪者たちがいる。けれどもだからといって「殺してもよい人間」があるということを認めたら、普遍的人権という観念は吹っ飛んでしまいます。人間の尊厳という観念も成り立たなくなるでしょう。「テロとの戦争」はキューバのグアンタナモ基地に代表される「テロリスト」の収容尋問所をあちこちに作り出しました。そこでは世界の目にふれないところで、「特殊尋問」と言われるさまざまな虐待や拷問が行われています。それは原理的に考えれば、二十世紀世界を震撼《しんかん》させた、そしてあらゆる人権思想を強化させることになったナチの強制収容所を想起させます。一方は「テロリスト」とされた人間が、他方は「劣等有害人種」とみなされた人間が送り込まれた「最終処分場」です。

「テロとの戦争」は、そんな人類の経験をいっさい帳消しにして、強力な国家にあらゆることを許容する定式となったのです。

それは「敵」にだけ関係することではありません。いや、この「戦争」では「敵」と「味方」の区別がそもそもつきにくいのです。国家間戦争ではないので、国境で「敵／味方」が区別されるということもありません。九・一一の実行犯もアメリカ国内にいました。だから国内も潜在的な「戦場」なのです。ところが国内を空爆することはできません。国内の生活や日常活動は続けなければなりません。それを中断させては「テロに屈した」ことになるのですから。そこでどうするか。国内には「予防と安全」のためということで、監視・警戒の態勢が厳しく敷かれ、インターネットの通信やメール交信まで、国家機関の監視下に置かれるようになり、警察権限は拡大され、ときに軍隊の出動もあって、住民の権利は制限されることになります。アメリカでは九・一一後に「愛国者法（パトリオット・アクト）」という法律が制定されました。それは国民が権利制限を受け入れ、潜在的戦争態勢に協力するという法律です。

終りなき戦争と「安全保障」

それが通ったことで国家や警察、あるいは軍が、今までだとプライバシー侵害と咎《とが》められたようなやり方で自由に情報を取れるようになったし、ちょっとしたことで予防拘束や見込捜査ができるようになりました。管理統制の権限が強くなるのは国家にとってはとても都合のいいことです。自由のためと言いながらナチスと同じようなことができるわけです。そして戦争が続けば、そういう事態が恒常化していきます。

一方ではテロリストに負けるな、「テロ」に屈するなと言って、恐れずにふだんの生活を送りなさい、野球を見に行きなさい、ブロードウェイには観劇に行きなさいと言う。厳戒態勢の中でも日常生活は続けられると、統制を日常化していく。そしてそのことを別名で、「セキュリティー=安全保障」というわけです。

戦態勢争は恒常化するけれどもドンパチ起こるのはいつもとは限らない。その警戒の中で日常生活は続いている。平和な文明秩序は続いている。ただし、その文明秩序は安全確保を求めている。だとしたら、この「安全保障」というものこそ、実は恒常的戦争秩序だということです。この十年くらい、特に先進国では安全保障という名目であらゆる施策が括られるようになりました。

「テロとの戦争」はそれ自体がひとつの「非常事態」で、この戦争は先ほどふれたように戦時と平時の区別をなくしますから、「非常事態」は恒常化することになります。実際、この「戦争」が受け入れられて以降、アメリカやEUなどの国々では（日本もそれに追従しています）もはや戦争と平和の区別は溶解し、国内の「安寧」を維持するためにひたすら「安全保障＝セキュリティー」が語られているわけです。

また、この「戦争」はいつ始まっていつ終わるのか、分からなくなっています。「テロリスト」の攻撃があれば、それはすでに始まっていることになります。ではいつ終わるのかと言えば、この「戦争」が「テロリスト」の撲滅を目指しているとすれば、彼らが殲滅されるときでしょう。ふつう戦争には相対する当事者がいますが、この「戦争」では一方の当事者がいません。というより、「これは戦争だ」と言う国家の側は、「テロリスト」を初めから無資格者とみなして当事者能力を認めません。相手は犯罪者であって、交渉の相手ではない、「テロリストとは交渉しない」というわけです。そうすると、戦争を終えるための講和など問題になりません。だから終える方法がない。終わりなき「戦争」だということです。

そうなると、例えばビンラディンに従っていた組織が散り散りになってしまうと、その拡散したところから異変が起こってまた別種の性格の違う組織ができてきます。それが攻撃されると、また飛散し拡散して、地の利のあるところで活動し始め、利があれば増殖していきます。それをまた叩く。叩かれるとまた散って、異変を起こしていく。その挙句とうとうイスラーム国のようなモンスターができてしまいました。そうして移動するだけでなく、移動しながら離散してアメリカやEU諸国の内部にも飛び火するようになりました。その火種は尽きません。だから全く撲滅できず、この「戦争」は終わりようがないのです。

この「戦争」には終りがなく、誰も勝てず、また誰も負けたということにならない。

誰も負けないけれども、本当にどうしようもなく救われない人たちが無数に出ています。その代表が、近年ＥＵ諸国に大挙して流れ込んでいる難民たちです。

戦争の経済化

ところで、国家は生き物かというとそうではなく、国家はひとつの機構です。そしてそれを動かす人たちがいます。現在のようなグローバル経済の下では、もっとも力をもつのは多国籍企業とかエネルギー企業、それに巨大金融機関や投資家です。たいてい彼らは共通利害で結びついています。実際に戦争の恒常化で一番儲《もう》かっているのは軍需産業でしょう。軍需産業は兵器を生産するだけでなく、最近では国の軍隊に代わって戦争関連の事業を請け負う民間軍事会社もあります。そういう企業は顧客が国ですから確実に儲けがあり、戦争状態が続く限り兵器は売れるし事業も展開できます。逆に、戦争がなくなったら衰退するでしょう。そのセクターは巨大だから、経済的な指数に大きな影響を与えます。景気もよくなるというわけで、他の日常生活にかかわるセクターが多少不調でも、軍需産業が栄えれば規模としては大きくてGDP（国内総生産）は上がる、つまり「経済成長」ができるわけです。

さらに、「テロとの戦争」の暗黙のねらいはアラブ・イスラム地域に重なる産油地帯のコントロールですから、この戦争はエネルギー産業とも結びついています。また、最近では拡大するバイオ産業とも関係しています。バイオ産業が戦争と直接関係するのは細菌兵器や生物化学兵器などに絡んでですが、それだけではなく、食糧生産にも関係しています。いまバイオ産業は、あらゆる食糧を遺伝子交配で「改良」して工業製品化し、世界中の食品をそれに置き換えることで莫大《ばくだい》な利益を上げようとします。経済のいわゆる自由化によって市場を独占するだけでなく、境界のない戦争で荒廃地が増え難民が増えて、膨大な食糧援助が必要だとなると、それを国連などから一気に引き受けるのがそのようなバイオ産業です。そういう利益共同体がいま国家を、とりわけ経済的アクターが自由に活躍するアメリカ国家を思うように動かしているわけです。

かつてベトナム戦争に枯葉剤という猛毒兵器を供給していたモンサントという最大の

バイオ企業は、いま遺伝子組み換え食品のことでとくに欧米で批判にさらされていますが、そのモンサントを告発する運動やジャーナリストは陰に陽に締め付けられ、排除され、その活動そのものが「テロリスト」といった非難さえ受けています。そういう倒錯した形で「テロとの戦争」はすそ野を広げているのです。

「テロリスト」という人間のカテゴリー

繰り返して強調しておけば、「テロとの戦争」で決定的なのは、「殺してもよい人間」という新しいカテゴリーができてしまったことです。罰せられずに殺すことのできる人間です。人間社会ではふつう基本的に人を殺してはいけない。殺してもいいとすると社会は成り立たないからです。禁じられているから殺さないのではありません。殺し合ったら社会が、人と人との結びつきが成り立たない。その時点で人間は人間として存続できません。言葉でどんなに喧嘩《けんか》しても、多少殴り合っても、殺しはしません。言葉がある、言葉を使って生存を組織しているということは、生きている人間が相手だということです。死んでしまったら言葉はもう届かない。だから人間というのは、殺さないということが前提になって成立している。

そのことが、科学主義によって、忘れられています。遺伝子によって規定されるのは生物としての人間ですが、人間はよかれ悪《あ》しかれただの生物ではないのです。

近代国家が登場したときに、あるいはそれ以前でもそうだけれども、殺す権利をもつ者がそれぞれの社会の中にはありました。近代国家ではそれが、至上権力を持った者、つまり主権者として位置づけられました。主権者ははじめは王のような具体的存在としてありましたが、概念化されて主権が抽出されます。その主権は国家を統治する権力で、その国の法制度を一元的に集約し、それを国民に課します。その最終的な担保が死刑でした。だからかつては主権は、生殺与奪の力をもって国内を統治し、同時にその国をまとめて他国と戦争する権力で、言いかえれば、内に向けては死刑、外に向けては殺人を命ずることができる、そういう権力だったわけです。その主権はやがて、じつは国民に発し、国民に帰属するもの、ということになると、「文明」の更新につれて戦争がしだいに不合理になり、かつて国家が殺人の権利を独占していたとしても、一人ひとりの人間には人を殺す権利はないとみなされ、今はまさに「文明世界」の流れとして、国家でさえ人を殺す権利はないと考えられ、死刑廃止が広がっています。それは国家や戦争の変容と関係しているのです。

ところが、「テロとの戦争」はこれを反転して、殺してもよい、あるいは「人類の敵」として殺さなければならない、この世から抹消すべき人間ないしは「非人間」という、新しい人間のカテゴリーを作ったことになります。それが「テロリスト」と呼ばれる存在です。そして「テロリスト」と呼べば、それは人類の敵であって、問答無用で排除できる。やつらは人間ではないから、何をしてもいい、ということになっています。でも、そう主張する「われわれ」は「彼ら」にとって何なのでしょう。極悪非道の無法者ということになるでしょう。殺人の禁止を解除して、何でもやるのですから。それも「文明の精華」を駆使して。「文明」が進んで「人権」という考え方ができて、生まれてきた人間は皆生きていく権利があるということや、その人権を元に社会は構成されなくてはいけないという考えが徐々に形作られました。けれども、それとともに十九世紀以降、戦争がしだいに「発達」し、二十世紀に「世界戦争」として頂点に達して、ついに核兵器とか絶滅収容所が出現して、「人類」が危機に瀕《ひん》したとみなされたからこそ、人は誰でも文句なしに生きる権利を認めなくてはいけないとする「普遍的人権」の考え方が確立されたはずでした。

それを「テロリスト」という概念は一挙に流し去ることに成功したのです。この規定を受けることによって、殺されてもよい、完全に人権のない、いっさいの当事者能力も奪われて抹殺されるべき、そういう存在として断罪され、「人間」の範疇《はんちゅう》から排除されるのです。これは画期的なことです。「テロとの戦争」という観念が作られ、それが現実化されて、全世界の主要国がそれを認めた時から、地上には存在を認められない人間、「非人間」という新しいカテゴリーができてしまった。アメリカの指導層が始めた「テロとの戦争」は、そのように根本から「文明」の倒錯に導くものなのです。

そう言うからといって、「テロリスト」と呼ばれる人びとを擁護するわけではありません。そうではなく、政治に犯罪概念を持ち込むことによって、権力行使が問答無用で正義の執行と見なされ、それが権力の横暴に対して人びとを盲目にさせるからです。「人類の敵」を名指しし作り出すことで、時の権力にはあらゆることが許されることになります。「敵」を外部に作って集団をまとめるというのは、政治の常套手段でもありますが、そのとき集団は内部の問題から目を逸《そ》らされて盲目的に権力のごまかしに煽《あお》られることになります。「人類の敵」を作り上げて「正義」の戦争をすること、それは権力をもつ者たちの仕掛ける途方もない詐欺だと言わなければならないでしょう。

「テロとの戦争」のからくり

政治学者や国際政治学者と言われる人たちが平気で「テロとの戦争」という概念を受け入れ、それに乗っかって事態を説明したりするのは、その意味ではたいへん奇妙なことです。アメリカの政治学がアメリカ国家の政策と不可分なのはわかりますが、他国の学者までそれに追従する必要はないはずなのに、どうも反省的思考が欠けていると言わざるをえません。

原理的に考えてというだけでなく、実際にも、ブッシュ元大統領が「これは戦争だ」と言って、世界の主要国がそれに追従したけれども、それは成功したのか？　「テロとの戦争」が進められ、アフガニスタンは潰され改造され、その次には、「テロリストに協力した」とか、「大量破壊兵器を隠している」と難癖をつけて（言葉が悪くなりますが、実際行われたのはとても品のよい言葉では言い表せないことです）、今度はイラクのフセイン政権を潰そうとし、これにも主要国が乗ってしまった。さすがに、当時のフランスはイラク侵攻に反対し、世界的名声の高かったローマ教皇ヨハネ・パウロ二世も最後まで反対したけれども、アメリカに付き従うイギリスのブレア首相と日本の小泉首相（当時）は、ブッシュのプードルとまで言われながら、この戦争に乗っていきました。その結果イラクはどうなったかというと国家体制は崩壊して、アメリカが暫定行政統治機構を作り、例によって選挙をやらせて「民主的」政府を作らせようとしたけれども、アメリカの都合に合わせた占領下の「民主化」は全然うまくいきません。

イラクという国はもともと第一次大戦後にイギリスの影響下で作られ、民族や宗派を混ぜ合わせて内部対立が仕組まれていたのですが、それを再活性化させながらその均衡の上に自分たちのコントロールを効かせるというアメリカの意図は、逆の混乱と抗争を引き起こし、イラクは収拾のつかない内戦状況になってしまいました。そしてすぐ隣にはアメリカと対立してきたイランもあり、そこに宗派争いが絡んで、無理に作らせた政権は腐敗してまともな統治はいっこう再建されず、結局イラクの民衆は占領と抵抗と混乱のなかに打ち捨てられることになったのです。

「テロとの戦争」の十五年

アメリカではイラク侵攻を「イラク戦争」と言い、日本でも「イラク戦争」と言っています。けれども、これはイラクの人たちにとっては「イラク戦争」などではありません。一方的に空爆を浴びせられ、アメリカ軍に占領されて、勝手に政府を作られて……この一連の災難はイラク人にとっては完全に「アメリカの侵略」以外の何ものでもないでしょう。

だから当然抵抗勢力が出てきます。それはある意味では「レジスタンス」ですが、アメリカやそれに従う国々は、「正義の占領統治」に逆らう武装勢力をまた「テロリスト」と呼び、その制圧も「テロとの戦争」の延長線上に置きます。そして住民を潜在的な敵とみなし、「テロリスト狩り」と称して住民の生活を蹂躙《じゅうりん》します。住民の側にしてみれば、協力してもしなくても、一方的に「テロリストの仲間」と嫌疑をかけられ、家に踏み込まれて暴行されたり、連行されてアブグレイブのような収容所に放り込まれる、といったことが後を絶ちません。そういう住民たちが、生きて帰って来られたら、屈辱と憎悪と復讐《ふくしゅう》の鬼となって、本当の「テロリスト」になったりするわけです。だから「テロとの戦争」は、「テロリスト」を撲滅するどころか、それを再生産するシステムのように機能します。そうするとまた、やっぱり「テロリスト」がいるからこの戦争は必要だと言われ、戦争そのものの正当化の材料にされます。つまり「テロとの戦争」は、それ自体の正当化の理由をみずから作り出す、そしてそれを永続化の根拠にするという、じつに邪悪なサイクルをもっているのです。そういうことが何年も続けられ、結局イラクは収拾のつかない混乱のなかに放置されて、統治の届かない無人の荒野のような空間が広がってくる。そこに結果としてイスラーム国のようなものができてしまったということです。

これが「テロとの戦争」の十五年です。アメリカが打ち出したこの戦争に世界がついていって、これが二十一世紀の新しいタイプの戦争だとされた。結局は二十世紀末に冷戦が終わって、世界が自由経済によって一元化されて、国家の役割はその自由市場がうまく機能するために監視することだというふうになった。そして諸国家は自由経済のグローバル秩序を乱すものを「テロリスト」と名指しして、どこまでも撲滅戦を繰り広げるようになりました。市場は自由競争のアリーナ（闘技場）だと言われますが、そこで最大利益を上げるのはグローバル資本で、それはアメリカ国家を世界統治のための乗り物としています。だからアメリカは「テロとの戦争」を打ち出したのだということです。

この戦争によって「自由」と「文明」の秩序が守られるということになっていますが、

その自由市場はどうなっているかというと、これはすでに一九七〇年代に実質的なものの生産による「経済成長」は限界に達し（ここでは踏み込みませんが、有名なローマクラブの報告「成長の限界」というものがあります）、それ以降、経済活動の金融領域へのシフトで「成長」の惰性を保ってきましたが、その金融システムはもう二〇〇八年のリーマンショックによる世界金融恐慌で破綻に瀕《ひん》しています。その破綻が決定的にならなかったのは、無理なドーピングで記録を出そうとするスポーツのように、全世界で札束をたくさん刷ってお金があることにして、どうにか維持していこうとするようなもので、いつ破綻してもおかしくないし、その先どうなるか誰も分からないという状況です。まともに地に足をつけた形で世界の困難に対処していくのではなく、とにかく前に逃げれば何とかなるだろう、力で強引に問題を踏み潰す、あるいは全てをなかったことにしてしまおうというのが現在の戦争ではないでしょうか。

「新しい戦争」

それが「新しい戦争」と言われてきたけれども、これはすでにふれたように、少しも新しくないのです。新しいところがあるとすれば、それはこの種の戦争がグローバル規模で「文明諸国vs.テロリスト」の戦いとして展開されたという点です。国家対非国家の戦争というのは、二十世紀の特に後半になってから、アジア・アフリカの旧植民地で展開された独立戦争がつねにそういう形で行われました。独立派の勢力は宗主国からみれば、合法的とされた自国の統治体制に抵抗する異分子で、非合法の武装勢力が鎮圧の対象でした。

植民地独立戦争も、一方は国家であらゆる権限をもっていたけれども、敵とされた武装集団は、合法性を剝奪されて撲滅の対象とされていました。あるいは無権利者とされ、あらゆる抵抗は不法行為として裁かれる、そういう状況でした。それは植民地支配の維持のために行われたのですが、この種の戦争はいつもうまくゆかず、結局ほとんどの植民地だったところは独立国家になりました。

ついでに言えば、独立後のアフリカ諸国が多くの困難に直面した理由はそれだけではありません。もともと植民地の境界線は西洋諸国が勢力範囲を確定するために、机上で地図を広げて定規を当てて線を引いたものです。しかし植民地支配から脱するためには、他人が引いた人工的な分割線に従って国を作らなければなりませんでした。地域的なまとまりというと、その根拠がまずないわけです。そのうえ、独立戦争を強いられて域内が暴力化していると、独立後も内部抗争がくすぶります。さらに、独立のために軍事勢力が力を持つ一方、西洋化の圧力は国際的に強いし、それが現地の旧来の社会土壌、とりわけイスラームなどの宗教的基盤を圧迫するという傾向が避けがたくなります。そうした事情がアフリカ諸国の独立後の状況を不安定にし困難にします。冷戦の終結もそこに大きな影を落としますが、隠然とイスラム世界を標的にした「テロとの戦争」はこういうところにもまた複雑な余波を生み出すのです。

あと一つ、忘れてはならないのはイスラエルの問題です。イスラエルはパレスチナに国家を作ってそこの住民を追い出したり、従属的に抱え込んだりして、いわば二重国家として成立しています。これにも第二次大戦以来すでに長い経過がありますが、イスラエル国家は同化しないパレスチナ人をいわば非合法の「非国民」として扱い、それを潜在的「テロリスト」として、国内外でずっと「テロとの戦争」を行ってきました。それは誇張ではなく、イスラエルの指導者自身の言っていることです。ブッシュ元大統領が「テロとの戦争」を打ち出したとき、当時イスラエル首相だったアリエル・シャロンは、前年からパレスチナ人の民衆蜂起（第二次インティファーダ）に直面していましたが、われわれがパレスチナ人に対してずっとやってきたのは「テロとの戦争」であり、正義の戦争なのだと誇らしく言ったものです。それ以降、イスラエルはその戦争を大手を振って進め、パレスチナの状況は地獄の底を何度も踏み抜くようにして悪化し、今日にいたっています。そしてそれが気に入っているのか、「戦争ができる国」をめざす日本の首相は、イスラエルとの関係を急速に深め、イスラエル首相のベンヤミン・ネタニヤフとの仲の良さを世界にアピールしました。

「非人間」あるいは「コナトゥス」なき存在

いわゆる「非対称的戦争」の出発点は、実は植民地戦争が初めてではなくて、歴史上の原型としては、近代の国家間戦争、特に国民戦争が始まったときからその裏側で生じていました。

当時フランス革命軍がヨーロッパを制覇していく過程で、スペインを制圧したナポレオンはスペイン統治のために自分の兄をスペイン国王に据えました。その時、これに反発したスペイン人たちは抵抗を組織し、それが「パルチザン」と呼ばれました。彼らは外国支配に対して武装抵抗したのです。この頃のことはゴヤの絵によって知られています。これが実は非対称的戦争の原型だということを、戦後のカール・シュミットが書いています。クラウゼヴィッツが近代の国家間戦争を理論化しましたが、シュミットは中国の内戦やベトナム戦争の時代に、ゲリラ戦を考察してその原型を示し、このタイプの戦争の本質を的確に指摘しています。こういう戦争は必ず相手を「非人間」として扱うから、凄惨な殺し合いになる、こういうことはやってはいけないと書いているのです。

そういうタイプの戦争が今、グローバル規模で展開されています。これはある意味では「内戦」でもありますから、ヨーロッパの理論家たちは今の状況を「世界内戦」として論じてもいます。ヨーロッパ人にとっては、昔からヨーロッパが「世界」だから、この状況を「世界内戦」とつい見てしまうのでしょうが、アジアの島国・日本から見ると、たとえ原理的考察とはいえ、世界＝ヨーロッパではないだろうという違和感があります。

ただ、いちばんの問題は、「非人間」という、この世に存在を認められない絶対的「排除」の構造をこの「戦争」は作り出したということで、それが質量ともに際限なき殺戮を不可避にしています。


もうひとつ、「テロとの戦争」というブッシュの定式を西側世界が何の抵抗もなく受け入れたのは、ニューヨークのツインタワービル突撃のあの瞬間に、西洋世界は自分たちの根本的な存在原理に対する侵害を見たからだと言えます。

前にふれた「相互確証破壊（MAD）」という核抑止の理論は、冷戦期以来、合理性の極北として幅を利かせていました。相手に勝る核装備があれば先制攻撃は防げる、という考えです。

ではその合理性が何によって成り立っていたかというと、わたしは死にたくない、おまえも死にたくないだろう、だから下手に手を出すな、という相互の「生存への執着」によって成り立っているわけです。生存に固執する、存在しているものは存在し続けようとする、それが存在の根本傾向だ、というのは、近代の初めにスピノザが定式化したことです。それを「コナトゥス」といいます。「存在への固執」とか「自己保存の原理」とか言い換えられています。この本能のようなもの、じつはそれが近代の合理性の基礎になっています。存在するのはよいことだ、善だ、というのは説明抜きに言明されます。善悪を超えて肯定される。たしかに、存在しなかったらお話にならない。存在するから様々なことに意味があるわけです。だから存在するものが存在し続けようとするのは根本傾向だということです。

したがって、合理的な人間は存在し続けようとする。世界を破壊しても自分は存在し続けようとする。存在するための行為に意味があるのであって、そうでなかったら無意味です。けれども、何人もが飛行機に乗ってそのままビルに突っ込むというのは、彼らにはコナトゥスがない、生存への執着がないということです。コナトゥスがない連中が出現してしまった。となると、もう合理性は通用しない、抑止力は通用しないでしょう。彼らは生き残ろうとしないわけですから。それで西洋人はパニックになってしまう。コナトゥスがない？　そんなのは人間ではない、となって、そんなものは叩き潰すしかない、となるわけです。この「自殺攻撃」は抑止力理論を完璧に無効にしてしまったのです。それで西洋人はパニックを起こして、「テロリスト」を撲滅しろと言い始めた。けれども、ほんとうにコナトゥスがないから、撲滅されてもその戦争によってますます繁殖してしまいます。

理論的にはこれは根深い問題です。西洋人が初めてコナトゥスのない存在に直面して真っ青になったというのは、実は戦争末期の日本軍との戦いでした。日本兵は死んでも突っ込んでくる。天皇陛下万歳と言って爆弾を抱えて飛び込んでくる。そのうち飛行機ごと、あるいは魚雷艇ごと突っ込んでくるわけです。それが「カミカゼ」と呼ばれ、怖れられました。それ以来、命を最終兵器にしての「自殺攻撃」は、「カミカゼ」と呼ばれ、狂気――ということは理性の反対物です――の象徴になりました。その「カミカゼ」が、制圧したはずだった「カミカゼ」が二一世紀のとある朝ニューヨークに出現してしまったのです。それがアメリカをはじめとする西洋諸国に常軌を逸した戦争を始めさせた深い理由でもあるでしょう。

それもあって、九・一一はパールハーバーにも結び付けられました。それがアメリカにとっての歴史的記憶です。そういうことが今の日本の政治家には全く分かっていない。分からないどころか、彼らは間違えています。今やイスラーム国こそが戦時日本と同じで「美しい国」を体現しているということです。占領して支配地域にしたら、イスラーム国は住民にアッラーへの忠誠を誓わせ、それを嫌だと言ったらその場で首を切る。ハイと誓うと、ではイスラーム国のための戦士になれと言い、ろくに訓練もできておらず戦闘のためには役に立たない住民に、爆弾を抱えてトラックごと「敵」の標的に突っ込めと命じるわけです。それが「カミカゼ」と呼ばれます。実際、日本軍が沖縄戦でやったことはほとんどこれと同じようなことです。アッラーのために死ね、天国で七十人の美女が待っている、と言うのと、天皇陛下のために死ね、死んだら英霊として靖国に祀《まつ》ってやる、というのとどこが違うのでしょうか。イスラーム国はアッラーが統治して、皆がアッラーに帰依する、自称「美しい国」なのです。

日本を再び戦争をする国にしようとする人たちが理想とするのはそういう国でしょう。何たる倒錯。それに比べると西洋の方が一貫していて、西洋はコナトゥスがないような連中は人間ではない、だからISを潰せというわけです。かつてそのために潰された日本が、今度はそんな戦争を手伝います！と手を挙げるのは滑稽ですらありますが、いま日本が向き合わねばならないのは、その「テロとの戦争」なのです。

西洋人にとって「コナトゥスがない」と映ることも、じつは非西洋人にとっては別の意味もあるでしょう。しかしその意味を肯定し、生かすのはけっして「テロとの戦争」

ではないはずです。

おわりに

この本は、戦争が善いとか悪いとかの立場から書かれたものではありません。善かろうが悪かろうが、人類史上、何らかのかたちで戦争（それに類する集団間の争い）は起こってきたし、世界のあり方を変えてゆく大きな要因でもありました。むしろそのことを踏まえて戦争について考えてみる、そしてとりわけ、私たちの考え方を規定している近代以降の戦争のあり方を検討してみるという試みです。

この試みが歴史学や政治学には収まらないのは、私たちの考え方や語り方を規定している諸条件に注意を払い、私たちがどのような事態を「戦争」と呼び、国家や国民や産業やメディアとの関係でどのように規定され受けとめられてきたのか、人びとの生存のあり方とどう関係しているのか、といった点にこだわっているからです。それは、私たちを戦争のもつ意味への問いに立ち返らせます。戦争——過去の戦争や現在の戦争——

は私たち――個人であり、国民であり、また人間でもある私たち――にとって何なのか、私たちはそれとどういう関わり方をしているのか、また、そこで国家やその政治あるいは経済として語られる営みはどうなっているのか、といった問いです。そのように「意味」に関わるかぎりで、ここでの基本的な観点は哲学的だと言ってよいかと思います。

一概に戦争といっても、争い合う集団の性格や利害をまとめる枠組みは時とともに変わり、それに伴って戦争の仕方も変わってきました。何度も言うように、現代のわたしたちがふつう「戦争」という言葉で想定するのは、近代国家の枠組みができてからの戦争、いわゆる国家間戦争であり、国民同士の戦争です。その枠組みがヨーロッパででき上がってから二世紀半、それが世界中に広がってから一世紀余、いくつもの戦争を経て世界の構成状況そのものが大きく変わり、技術や産業の発展もあって人びとの生活の仕方も変わってきました。ところが、世界の物理的ないし制度的な条件・状況が変わっても、人の考え方（想像力）はなかなか変わりません。とりわけ人びとの生き死にを巻き込み、愛憎や犠牲などの情動を伴わずにいない戦争についての議論は、条件が大きく変わった現在でも、なおプリミティヴな、あるいは安直な旧時代のモデルに囚《とら》われた戦争イメージに引きずられがちです。

だからこの講義では、現在の戦争がどのようなものなのかを理解するために、世界の状況の変化につれて戦争はどう変わってきたのかをたどってみました。大きくまとめれば、いま述べた国家間の戦争は、二十世紀に入ってすべての主要国家を巻き込む世界戦争に至り着き、総力戦に見合う核兵器の出現を受けて極まったはずのこの戦争は、そのまま諸国家を二分して両陣営がすくみ合う冷戦の時期に入り、約半世紀の後、冷戦の「解凍」によって世界はひとつの秩序に溶け込んだはずなのですが、グローバル化した世界で力の行使はやまず、先端技術を駆使する戦争は、今度は人類を二分する「文明と非文明」との戦いに場を見出している（「テロとの戦争」）ということです。

もちろん、すべてがこのようにきれいに変化したわけではなく、冷戦期や「テロとの戦争」の時代にも国家間戦争の局面は残ります。それに戦争であるかぎり、主要なアクターは国家であり、戦争は国家の軍事力の発動です。とはいえ、世界の構造変化や戦争のあり方に伴って国家のあり方も大きく変わっているのです。

「テロとの戦争」が打ち出されたとき、アメリカ政府筋から「ウェストファリア体制はもう古い」と言われました。それはある意味では正しく、もはや世界は主権国家同士の国家間秩序として形成されているのではなく、諸国家はグローバルな秩序のなかで地域的統治を基盤にする政治的アクターに過ぎなくなったとも言えます。政治的ということは、その原義に遡ればポリティカルつまりポリス（ギリシアのいわゆる都市国家）的な領域統治に関わるということです。政治はそのように領域と境界をもちますが、グローバル化は脱領域的で、その脱領域的次元を制するのは政治ではなく、じつは経済つまり市場的活動です。経済はあらゆる領域の境界を透過することで実現されますから。

だから今、国家に最も影響力をもつのは、国民ではなく、グローバル経済の主要アクターである多国籍企業や国境を知らない投資ファンドなどです。そのため近年では、その勢力の要求する自由な市場ルールの方が、各国の事情によって国内法を制定する国家主権よりも優位に立つとされ、国家がそれに追従するといった状況が見られます。大雑把にいえば、グローバルに活動する経済アクターが諸国家に圧力をかけ、国家は国民をまとめるというより、国民の手など離れて経済アクターたちの乗り物になってしまうといった状況です。それぞれの国で進められる「小さな政府・民営化・市場開放」といった政策のもとで作り出されているのは、そのような状況でしょう。「経済による政治の呑《の》み込み」とでも言えるこの事態は、国家と国民のあり方を根元から変えようとしているのです。

それでも国家が発動する戦争が起こるのは、あるいは求められるのは、軍需産業が最大の産業セクターであること、つまり武器や兵站《へいたん》（補給や戦争態勢の整備・運営）が最大の商品であることと、それに、経済優位のこのグローバル統治の体制を維持するために「安全保障」が何としても必要とされるからです。「テロとの戦争」は、「文明と非文明」とを分け、戦争と平和の区別をなくしてその区分けを恒常的安全保障体制のなかに解消するものだということはすでに示しました。恒常的セキュリティー体制とは、鍵かけや情報管理や全面的監視や汚染防止など、危険なものを何らかの分離壁で隔離する体制です。危険の事前抑止や感染病の予防措置の完備、そのための行政権限の最大化が求められる体制です。それが「セキュリティー（安全保障）」の名の下に追及されます。「セキュリティー」は国境の内外を問いません。国内では、市民の安全の名の下に管理や監視や警察権限が強化され、国外には「テロとの戦争」への参加が呼びかけられます。西洋近代が作り出した、誰もが平等にまともに生きられる社会、そのために市民に権利を保証しそれを守る「法治国家」のあり方は、いまや市民の「安全」を守ると称する「セキュリティー国家」へと変容しようとしていると指摘する学者もいます。

世界がこのような状況に立ち至っているときに、もはや国家間戦争の構図は通用しないし、そのような国家の求める戦争への国民の関わり方も変わってしまっているでしょう。もはや「国民の義務」といった論理も、ましてや「祖国のために死ぬ」といった犠牲の意味づけもその現実性をまったく失っています。ゼロ戦や特攻隊の時代ではないのです。それでも、戦争が話題になると、戦争は相変わらず国家間関係の図式で考えられ、戦争をするのは国民のためであり、国民は軍務について国家に尽さなければならない、といった古い幻想で議論が引き回されることがよくあります。

ところが国家はもうそんなものではなくなっている。事実、アメリカではすでにベトナム戦争末期から徴兵制を廃止しています。兵役は近代国民国家に付きものの「国民の義務」でしたが、すでに半世紀も前から国家の戦争遂行意志と国民の意志とは離反し始め、アメリカは徴兵制を廃止して、兵員の調達を労働市場に委ねたのです。つまり「職業選択の自由」を通して選ばれる「雇用」の一部門にしたのです。そうなると、軍務はそれなりのメリット（奨学金や特殊技術や資格の取得）や、他の可能性がないために「自由」に選ばれる職業のひとつになり、そのような兵士は、お国のためとか軍人の名誉とかには関係のない、職務を果たすだけの被雇用者になります。ただし、基本的には戦争に従事するという（破壊と殺戮《さつりく》とそのための訓練）きわめて特殊な職業ではありますが。

社会に一定数の若年失業者がいれば、あるいは一般の雇用状況が悪ければ、この兵員は確保できるでしょう。他の職業を得られなかった人びとが、戦争に行く危険に目をつぶり、この「雇用」にすがることになるでしょう（それが近年とりざたされる「経済的徴兵制」です）。

戦争の経済化は他の側面にも表れています。軍事の「民営化」あるいは「外注」と言われる事態です。冷戦終結後、削減された米軍の多くの関係者が民間軍事企業を作り、警備関連事業や軍の育成・訓練、兵站業務、それに作戦の請負までやるようになりました。政府からすれば業務の合理化であり、「民間活力」の利用であり、経済政策上は新しい市場の創出です。それによってイラク戦争では多くの民間軍事会社が政府の委託で広範な業務に就きました。

それまで軍事といえば国家の専権事項でした。ところが、軍の作戦が大規模になり、イラク戦争のように一国を潰して立て直すような事業になると、拡大する業務の多くを政府は多くの民間企業に委ねるようになります。それによって額面上は軍事支出を軽減することができるし、市場を拡大することができます。それだけでなく、さまざまな事業を民間企業に委ねることで国家が責任をもつ範囲を狭くすることができます。何か問題が起きたら、民間企業がやったということにすればいいのです。民間企業は営利目的ですから、「成果」を上げようとします。そうして政府が責任をもつべき多くの領域が政治の監督を逃れることになっています。つまり、戦争の多くの部分が政治の管轄から経済の管轄に移され、戦争の経済化が進んでいるのです。

そしてもうひとつ、戦争の変化にとって特筆すべきことは、戦争手段の進化です。核兵器は大量破壊兵器そのものとして不動の地位を占めていますが、それが使えないというので、その他にもとりわけ生物化学兵器が開発され、それが生命科学やＩＴ技術と結びついていまやコントロールの効かないおそるべき進化を示しています。

ただし、いずれにしてもそうした大量破壊兵器を持てるのは大国・先進国（いわゆる文明諸国）だけです。その上これらの国々は、「国民の関与」を避けるため、「ユニラテラル（一方的）」な戦争をしようとします。つまりみずからは攻撃するけれども反撃を受けないという戦争です。そのために無人偵察機や爆撃機などドローンが急速に発達することになりました。破壊や殺戮はヴァーチャルに行われます。たとえばアメリカ本土の陸軍基地の一角のゲーム・センターのようなところで、「兵士」がパソコンを扱う事務員のように、朝出勤して昼まで、そして午後は夕方まで、何万キロも離れたアフガニスタンやイラクを飛ぶドローンを操作してミサイルを発射しているのです。

　戦争をする国の側では、そのように戦争はヴァーチャル化し、戦場は無人化し、一見危険のないゲームのようになりますが、「無人化」した戦場では、相変わらず生身の人間が殺戮されているのです。「テロリスト」だから仕方がないのでしょうか。けれども実際には「標的」を撃つ確率は高くなく、多くの「コラテラル・ダメージ」（副次的被害、誤爆や巻き添えになる犠牲を、アメリカの軍事用語ではこう言います）を生み出すだけでなく、そのような攻撃にさらされる地域では人びとが生活できなくなり、その意味でも攻撃される地域は「無人化」してゆくことになります。そしてそこが新たな「敵」の巣食う場所になるだけでなく、無数の人びとが居場所を失って難民となり、「戦争をする国」（そこには「セキュリティー」があるから）に流れ込むことになります。

現代の戦争とはそのようなものです。私たちはそんな実情を踏まえたうえで、具体的に出会うかもしれない戦争をどうするかを考えなければならないでしょう。

このまとめの章は少し難しくなったかもしれません。けれども、それが少し難しくみえるのは、それが抽象論議だからではありません。そうではなく、私たちが当たり前で自明のものとしてそれに依拠してものごとを整理している、政治とか経済とか国家とかいった基本的な理解の枠組み自体が、実は揺れ動いている、ということに踏み込んでいるからでしょう。いわば、安定した理解の足元をあえて揺さぶっているわけです。しかし、そうした諸概念の変質や相互関係を的確に見ていかないと、戦争に関して実際にどんなことが起こっているのかは理解できません。

よく「分かりやすさ」や「平易さ」が求められます。多くの人に語りかけたり、理解してもらおうと思ったら、それは当然ながら必要なことでしょう。けれどもその「分かりやすさ」が、誰もがもっている既存の理解の枠組みや、マスメディアなどで流布される一般的な「平易さ」に合わせることだとしたら、すでにある通念の繰り返しか、せいぜいそのアレンジしかできなくなります。そうではなく、ものごとをまともに考え、向き合う事態を的確に把握するということは、ほうっておいたら私たちの考え方を知らずに枠づけているその枠組みを問うことから始まるのだと思います。けれどもそのことは「平易な理解」にとっては抵抗のように働きます。それがいささかの「難しさ」と感じられるのでしょうが、けっして「分かりやすさ」を蔑《ないがし》ろにしたつもりはありません。余裕があれば、もっとていねいに説明することもできるでしょうが、最後は少し急ぎ足になりました。

この「戦争」について考えた本が、みなさんの物事一般に対する「考え方」の参考になってくれればと願っています。

なお、文中の地名・人名表記は、繁雑を避けて簡便な表記を用いました。

最後に、筑摩書房編集部の鶴見智佳子さんにたいへんご苦労をおかけしました。若い人たち（気持の若い人たちも含めて）に、この本を届けたいという鶴見さんの情熱に押されて、怠惰な著者もここまでこぎつけることができました。心からのお礼を記させていただきます。

地図　新井トレス研究所

ちくまプリマー新書

113
中学生からの哲学「超」入門
——自分の意志を持つということ
竹田青嗣

自分とは何か。なぜ宗教は生まれたのか。なぜ人を殺してはいけないのか。満たされない気持ちの正体は何なのか……。読めば聡明になる、悩みや疑問への哲学的考え方。

148
ニーチェはこう考えた
石川輝吉

熱くてグサリとくる言葉の人、ニーチェ。だが、もともとは、うじうじくよくよ悩むひ弱な青年だった。現実の「どうしようもなさ」と格闘するニーチェ像がいま甦る。

167
はじめて学ぶ生命倫理
——「いのち」は誰が決めるのか
小林亜津子

医療が発達した現在、自己の生命の決定権を持つのは、自分自身？　医療者？　家族？　生命倫理学が積み重ねてきた、いのちの判断を巡る「対話」に参加しませんか。

003
死んだらどうなるの？
玄侑宗久

「あの世」はどういうところか。「魂」は本当にあるのだろうか。宗教的な観点をはじめ、科学的な見方も踏まえて、死とは何かをまっすぐに語りかけてくる一冊。

077
ブッダの幸福論
アルボムッレ・スマナサーラ

私たちの生き方は正しいのだろうか？　ブッダが唱えた「九項目」を通じて、すべての人間が、自分の能力を活かしながら、幸せに生きることができる道を提案する。

ちくまプリマー新書

048 ブッダ ――大人になる道 アルボムッレ・スマナサーラ

ブッダが唱えた原始仏教の言葉は、合理的でとってもクール。日常生活に役立つアドバイスが、たくさん詰まっています。今日から実践して、充実した毎日を生きよう。

162 世界の教科書でよむ〈宗教〉 藤原聖子

宗教というとニュースはテロや事件のことばかり。子どもたちは学校で他人の宗教とどう付き合うよう教えられているのか、欧米・アジア9か国の教科書をみてみよう。

184 イスラームから世界を見る 内藤正典

誤解や偏見とともに語られがちなイスラーム。その本当の姿をイスラーム世界の内側から解き明かす。イスラームの「いま」を知り、「これから」を考えるための一冊。

067 いのちはなぜ大切なのか 小澤竹俊

いのちはなぜ大切なの？――この問いにどう答える？子どもたちが自分や他人を傷つけないために、どんなケアが必要か？ ホスピス医による真の「いのちの授業」。

072 新しい道徳 藤原和博

情報化し、多様化した現代社会には、道徳を感情的に押しつけることは不可能だ。バラバラに生きる個人を支えるために必要な「理性的な道徳観」を大胆に提案する！

ちくまプリマー新書

ちくまプリマー新書

255 投票に行きたくなる国会の話　政野淳子

国会は実際どのように機能しているのかを、衆議院政策担当秘書として4年間働いた経験をもとに説明する。よりよい社会を作るために国会と国会議員を使い倒そう。

256 国家を考えてみよう　橋本治

国家は国民のものなのに、考えるのは難しい。日本の国の歴史を辿りつつ、考えることを難しくしている理由を探る。どうすれば「国家を考えられるか」を考える。

122 社会学にできること　西研　菅野仁

社会学とはどういう学問なのか。社会を客観的にとらえるだけなのか。古典社会学から現代の理論までを論じ、自分と社会をつなげるための知的見取り図を提示する。

221 たったひとつの「真実」なんてない　――メディアは何を伝えているのか？　森達也

今見ているものは現実の一部で、真実はひとつではない。でもメディアは最初から嘘なのだというのは間違い。大切なことは正しく見、聞き、そして考えること。

059 データはウソをつく　――科学的な社会調査の方法　谷岡一郎

正しい手順や方法が用いられないと、データは妖怪のように化けてしまうことがある。本書では、世にあふれる数字や情報の中から、本物を見分けるコツを伝授する。

ちくまプリマー新書

132 地雷処理という仕事 ――カンボジアの村の復興記 高山良二
カンボジアで村人と共に地雷処理をするかたわら、村の自立を目指し地域復興に奔走する日本人がいる。現地から送る苦難と喜びのドキュメント。〈天童荒太氏、推薦〉

154 東南アジアを学ぼう ――「メコン圏」入門 柿崎一郎
〝メコン圏〟構想のもとで交通路が整備され、国境を越えた人やモノの動きが増加する東南アジア。「戦場」から「市場」へとダイナミックに変化する姿を見にゆく。

143 国際貢献のウソ 伊勢﨑賢治
国際NGO・国連・政府を30年渡り歩いて痛感した「国際貢献」の美名のもとのウソやデタラメとは。思い込みを解いて現実を知り、国際情勢を判断する力をつけよう。

185 地域を豊かにする働き方 ――被災地復興から見えてきたこと 関満博
大量生産・大量消費・大量廃棄で疲弊した地域社会に、私たちは新しいモデルを作り出せるのか。地域産業の発展に身を捧げ、被災地の現場を渡り歩いた著者が語る。

198 僕らが世界に出る理由 石井光太
未知なる世界へ一歩踏み出す！ そんな勇気を与えるために、悩める若者の様々な疑問に答えます。いま、ここから、なにかをはじめたい人へ向けた一冊。

ちくまプリマー新書

054
われわれはどこへ行くのか？
松井孝典
われわれとは何か？　文明とは、環境とは、生命とは？　世界の始まりから人類の運命まで、これ一冊でわかる！　壮大なスケールの、地球学的人間論。

163
いのちと環境
――人類は生き残れるか
柳澤桂子
生命にとって環境とは何か。地球に人類が存在する意味、果たすべき役割とは何か――。『いのちと放射能』の著者が生命四〇億年の流れから環境の本当の意味を探る。

175
系外惑星
――宇宙と生命のナゾを解く
井田茂
銀河系で唯一のはずの生命の星・地球が、宇宙にあふれているとはどういうこと？　理論物理学によって、太陽系外惑星の存在に迫る、エキサイティングな研究最前線。

112
宇宙がよろこぶ生命論
長沼毅
「宇宙生命よ、応答せよ」。数億光年のスケールから粒子の微細な世界まで、とことん「生命」を追いかける知的な宇宙旅行に案内しよう。宇宙論と生命論の幸福な融合。

114
ALMA電波望遠鏡　＊カラー版
石黒正人
光では見られなかった遠方宇宙の姿を、高い解像度で映し出す電波望遠鏡。物質進化や銀河系、太陽系、生命の起源に迫る壮大な国際プロジェクト。本邦初公開！

ちくまプリマー新書

177 なぜ男は女より多く産まれるのか
——絶滅回避の進化論
吉村仁
すべては「生き残り」のため。競争に勝つ強い者ではなく、環境変動に対応できた者のみ絶滅を避けられるのだ。素数ゼミの謎を解き明かした著者が贈る、新しい進化論。

178 環境負債
——次世代にこれ以上ツケを回さないために
井田徹治
今の大人は次世代に環境破壊のツケを回している。雪だるま式に増える負債の全容とそれに対する取り組みがこの一冊でざっくりわかり、今後何をすべきか見えてくる。

155 生態系は誰のため？
花里孝幸
湖の水質浄化で魚が減るのはなぜ？ 湖沼のプランクトンを観察してきた著者が、生態系・生物多様性についての現代人の偏った常識を覆す。生態系の「真実」！

195 宇宙はこう考えられている
——ビッグバンからヒッグス粒子まで
青野由利
ヒッグス粒子の発見が何をもたらすかを皮切りに、宇宙論、天文学、素粒子物理学が私たちの知らない宇宙の真理にどのようにせまってきているかを分り易く解説する。

205 「流域地図」の作り方
——川から地球を考える
岸由二
近所の川の源流から河口まで、水の流れを追って「流域地図」を作ってみよう。「流域地図」で大地の連なり、水の流れ、都市と自然の共存までが見えてくる！

ちくまプリマー新書

135
大人はウザい!
山脇由貴子
すれ違う子どもの「気持ち」と大人の「思い」。願望、落胆、怒り、悲しみなど、〝ウザい〟という言葉に込められたメッセージを読み取り、歩み寄ってみませんか?

074
ほんとはこわい「やさしさ社会」
森真一
「やさしさ」「楽しさ」が善いとされ、人間関係のルールである現代社会。それがもたらす「しんどさ」「こわさ」をなくし、もっと気楽に生きるための智恵を探る。

079
友だち幻想
——人と人の〈つながり〉を考える
菅野仁
「みんな仲良く」という理念、「私を丸ごと受け入れてくれる人がきっといる」という幻想の中に真の親しさは得られない。人間関係を根本から見直す、実用的社会学の本。

183
生きづらさはどこから来るか
——進化心理学で考える
石川幹人
現代の私たちの中に残る、狩猟採集時代の心。環境に適応しようとして齟齬をきたす時「生きづらさ」となって表れる。進化心理学で解く「生きづらさ」の秘密。

238
おとなになるってどんなこと?
吉本ばなな
勉強しなくちゃダメ? 普通って? 生きることに意味はあるの? 死ぬとどうなるの? 人生について、生まれてきた目的について吉本ばななさんからのメッセージ。

ちくまプリマー新書

226
何のために「学ぶ」のか
――〈中学生からの大学講義〉1
外山滋比古
前田英樹
今福龍太
大事なのは知識じゃない。正解のない問いを、考え続けるための知恵である。変化の激しい時代を生きる若い人たちへ、学びの達人たちが語る、心に響くメッセージ。

227
考える方法
――〈中学生からの大学講義〉2
永井均
池内了
管啓次郎
世の中には、言葉で表現できないことや答えのない問題がたくさんある。簡単に結論に飛びつかないために、考える達人が物事を解きほぐすことの豊かさを伝える。

228
科学は未来をひらく
――〈中学生からの大学講義〉3
村上陽一郎
中村桂子
佐藤勝彦
宇宙はいつ始まったのか？　生き物はどうして生きているのか？　科学は長い間、多くの疑問に挑み続けている。第一線で活躍する著者たちが広くて深い世界に誘う。

229
揺らぐ世界
――〈中学生からの大学講義〉4
立花隆
岡真理
橋爪大三郎
紛争、格差、環境問題……。世界はいまも多くの問題を抱えて揺らぐ。これらを理解するための視点は、どうすれば身につくのか。多彩な先生たちが示すヒント。

230
生き抜く力を身につける
――〈中学生からの大学講義〉5
大澤真幸
北田暁大
多木浩二
いくらでも選択肢のあるこの社会で、私たちは息苦しさを感じている。既存の枠組みを超えてきた先人達から、見取り図のない時代を生きるサバイバル技術を学ぼう！

chikuma primer shinsho

ちくまプリマー新書258
戦争《せんそう》とは何《なん》だろうか
二〇一六年七月十日　初版第一刷発行

著者　西谷修（にしたに・おさむ）

装幀　クラフト・エヴィング商會
発行者　山野浩一
発行所　株式会社筑摩書房
東京都台東区蔵前二-五-三　〒一一一-八七五五
振替〇〇一六〇-八-四一二三
印刷・製本　中央精版印刷株式会社
ISBN978-4-480-68956-6 C0231 Printed in Japan

乱丁・落丁本の場合は、左記宛にご送付下さい。
送料小社負担でお取り替えいたします。
ご注文・お問い合わせも左記へお願いします。
〒三三一-八五〇七　さいたま市北区櫛引町二-六〇四
筑摩書房サービスセンター　電話〇四八-六五一-〇〇五三